Mañanayer

Mañanayer

Miguel Falquez-Certain

Book Press – New York

Derechos reservados/*copyright:*
© 2010 Miguel Falquez-Certain

Diseño y composición: Nigel Guy Fawlkes

Portada: Joaquín Méndez Gaztambide

Impreso en los Estados Unidos de América

Primera edición: Book Press, New York
bookpressny@gmail.com
www.bookpressny.com
(917) 238-3155

Todos los derechos reservados. Esta publicación no puede ser reproducida, ni en todo ni en parte, ni registrada en, ni transmitida por, un sistema de recuperación de información en ninguna forma ni por ningún medio, sea mecánico, fotoquímico, electrónico, magnético, electroóptico, por fotocopia, o cualquier otro, sin el permiso previo, por escrito, del autor.

All rights reserved. No part of this publication may be reproduced or transmitted in any form by any means, electronic or mechanical, including photocopying, recording, or any information storage and retrieval system without the written permission of the author.

ISBN-10 0982543360

ISBN-13 9780982543368

Prólogo

Fabio Rodríguez Amaya
Università di Bergamo

De una comarca insospechada los signos recalan raudos e intensos. En secreto, danzan creando volutas gráciles mientras se organizan en palabras que, intrépidas, echan raíces en la página, para componer – como si se tratara del Leteo en creciente – los poemas de este generoso y compacto *Mañanayer* en el único espacio que no existe: el del tiempo.

Seis libros escritos por el barranquillero Miguel Falquez-Certain en el arco de treinta años pueden aparecer ante una mirada desganada – la más común, por cierto – como "un libro más". Pero es suficiente una primera y atenta lectura para constatar que la prevención carece de sentido y su originalidad desmiente el desaire del incrédulo. Y lo cautiva.

Se trata de seis libros proteicos, plenos e innovadores, organizados de manera misteriosa y emblemática. Al concluir la lectura, se tiene la certidumbre que ante los ojos hay una poesía leve y etérea como una nube y grave y compacta como el magma. Por demás, parece escrita de un jalón como si los intervalos entre un libro y otro fueran artificio retórico, urgencia formal mas nunca discontinuidad de lenguaje, ni de tono y mucho menos de matiz. Por el contrario, se percibe que es resultado de una mesurada sabiduría en la elaboración textual. Y esto los vuelve fatalmente seductores.

Si "el mito es un pasado que también es un futuro", como afirma Octavio Paz, y si esta poesía se coloca en el no-tiempo (el espacio del mito), se halla una perfecta sintonía entre el título del poemario y los poemas que lo componen: *Mañanayer* se desplaza desde un atormentado pasado reciente del adulto hasta un angustioso pasado remoto del adolescente. Se trata sin duda alguna del regreso al presente sereno y equilibrado de un pasado que, al proyectarse al también inexistente futuro, se aleja de nuevo o, cuanto menos, toma las distancias para configurar una realidad "otra", más allá del tiempo, del espacio y del mismo lenguaje. Es patente la continuidad, sin saltos ni exabruptos, de la adolescencia a la adultez. No sólo por el modo como el lenguaje va decantando sino por los altos niveles expresivos que el poeta alcanza en este viaje. Sin pérdida de tensión, sin resbalón o trampa alguna, la palabra se agiganta y el cuerpo textual se consolida.

Mañanayer sorprende y exhorta a pensar en Ungaretti, Quasimodo, Montale y los herméticos italianos y, en el mundo hispánico, entre otros, en Lezama Lima o Francisco Brines. Y encanta por el mesurado utilizo del lenguaje que alterna idioma corriente, cultismos y jerga coloquial. Por momentos el poema se va para regresar cargado de una expresividad compleja, inagotable y singular.

En esos desplazamientos, la voz poética (no el poeta) va trazando geografías de vida, historias de amor, relatos de encuentros, dramas de desencuentros, tratados de humanidad, gestas de olvido, tragedias de la memoria, actualización de cosmogonías, mitologías personales, para al final permitir que el lector esboce un fresco existencial del yo lírico en que, en el medio de los eventos extremos de la vida y la muerte, se coloca la poesía.

Porque en *Mañanayer* esa proeza indefinible que se llama poesía media entre lo material y lo inmaterial, entre los dioses, los héroes y los hombres y, al ser evento arquetípico y revelador de verdades incontestables, se convierte en puerto seguro para quien a ella se avecina.

Poesía, pues, como experiencia vital que es simultáneamente conocimiento, reflexión, evento subversivo, apostasía de la no-vida. Poesía la de Falquez-Certain sin esteticismo falaz, sin ecos vanguardistas pero sí con un gusto por lo experimental, lo sacrílego y lo iconoclasta, capaz de sancionar la alianza entre lo cotidiano y lo sobrenatural. Y, en este caso, elaborada en ciclos precisos, con núcleos temáticos certeros, trasegados con sosiego y entereza, a través de los cuales se objetiva la experiencia vital, física y espiritual en instancias verbales únicas e irrepetibles.

"La historia de la poesía moderna es la de la fascinación que han experimentado los poetas por las construcciones de la razón crítica", escribe Octavio Paz interpretando a los románticos. Quizás esta última corresponda al "mañana" del título y, por lo tanto, se trate del futuro que no existe y, por ende, este libro afirma el tiempo sin fechas de la sensibilidad y la quimera del "ayer" que se ha esfumado pero queda registrado en la palabra directa que redondea el poemario, y sigla la alianza entre lo fantástico y lo real.

Es que aquí se percibe la experiencia poética ya no más como ejercicio de la crítica, ni como devaneo filosófico o afán teórico. Tampoco pretende ser un *continuum* lógico, ni hacer derroche de una cohesión discursiva – que la tiene – sino que aparece como una totalidad de la que son protagonistas alma y cuerpo.

Y el cuerpo está modelado por el silencio. Y este cuerpo muerde, besa, acaricia, araña, humedece, penetra, jadea, rasga, suda. Y el alma está cincelada por el grito. Y esta alma es voluptuosa, rijosa, lúdica, carnal, lujuriosa, sensual, bondadosa, insaciable.

Y cuerpo y alma juntos se deslizan por los dédalos de la ensoñación erótica y la pulsión sexual, por los ríos profundos de la pasión, por las sendas secretas de la vida. Se asiste así a una exaltación del ser, no como objeto sino como sujeto erótico porque el amor es transgresión de las normas, es eversión y superación del mundo circunstante. El poema entonces no es sólo objeto verbal sino acto de entrega, desgarre vital, remanso pasional que, acompañado por sólidos cimientos culturales, converge en una unidad inextricable que da vida al universo personal del poeta.

Y se ve que éste ha caminado calles, recorrido ciudades, surcado ríos, navegado mares, visitado países y visto el mundo. Sin duda. Hasta afincarse en su Nueva York de siempre, que conoce, de mano de su padre, con careta y arneses de mago, a la edad de catorce años. Y se ve que ha sufrido descalabros, experimentado vicios, adquirido títulos, arriesgado soledades, sentido frío, saltado de la exaltación del encuentro al desengaño y el dolor del abandono.

No es urgente aquí indagar sobre los temas por grandes o chicos, trascendentales o pueriles que sean. Interesa más excavar hasta llegar a la médula del verso. Así el lector descubre que los textos de Falquez-Certain son, simultáneamente, paganos y sagrados, idealistas y materialistas. El lector comprueba que se trata de una poesía material (de materia, de texturas, de sabores, colores, sonidos y olores); que no se limita a ser canto sino por el contrario se yergue como invocación: "Vengo buscando tu forma / camino a la nostalgia"; como plegaria: "No quiero tu mirada triste / ni ser la sombra de tu sombra"; como aserción: "Un día me instalé en tu vida sin preguntar tu nombre"; como explosión, ora de dolor: "Grito gritando con el llanto", ora de alegría: "Tú y yo para florecer la vida / sembrando rosas", ora de desencanto: "Los lazos humanos son tan frágiles / como burbujas de jabón", a demostración que la escritura mantiene viva y activa la memoria: "Un día de pájaros azules / rompí las geometrías del destino".

El lector constata que se trata de una poesía generosa que brinda mil informaciones y posibilidades interpretativas, permeada a veces por un gusto pictórico que a Falquez-Certain le resulta imposible esconder. Y comprueba que esta poesía lentamente integra lo abstracto y anicónico a lo orgánico y figurativo, la esencia a la sustancia, lo fugaz a lo eterno, lo físico a lo metafísico.

No interesa aquí indagar tampoco sobre lo libresco que aparece en superficie, sino verificar que el poeta se pone interrogativos profundos. Así, el destino "se forja en la palabra y en ella habitas" o "es inescrutable en las circunstancias del presente"; la vida es una aventura en que, una vez cumplida, "¿de qué nos sirve ganar el alma / si al final perdemos el mundo?"; el azar "jamás será abolido, es menester que volvamos a empezar"; la muerte mantiene en acecho la vida y "Tu triunfo es vencernos, indudablemente, pero el nuestro es encerrarte en la cuartilla"; el mundo "es todo aquello que la hipótesis incluye" o "es una añagaza en donde los muertos sobreviven"; el amor "es reflejo de un pasado que se adentra en un presente inconcluso"; el pasado y el deseo "ahora viven martillando el contubernio maldito, insospechado"; la sangre es "un símbolo en la bandera de la patria boba"; la partícula "existe ahora donde antes nada había"; la libertad "es una palabra esculpida en una estatua"; y sobre la escritura misma: "No es necesario que la palabra habite entre nosotros, si nosotros le devolvemos la muerta vida" o "El texto antagoniza al mundo esbozando su reflejo".

No obstante, el valor más significativo radica, quizá, en el silencio, en lo no dicho, en lo omitido voluntariamente en los blancos de la página y, al mismo nivel de importancia, en la construcción de una mitología personal en que se funden sapiencia expresiva, talento innegable, oficio certero y cosmovisión integral. A estos cuatro ingredientes (indispensables para alcanzar la categoría del arte) se suman experiencias íntimas, geografías físicas y urbanas concretas, historias de vida vivida, narraciones originarias, mitos universales. El todo ubicado en una triangulación espacial definida en dos ciudades y un continente: Nueva York, Barranquilla y Europa.

Falquez-Certain no se substrae del entorno porque en la verdad y la mentira humanas halla un *humus* fértil y en el caos del mundo funda lo transmisible. En lo urbano va tejiendo actos virtuosos o anodinos; en calles y cafés, habitaciones y lechos afinca la materia verbal en que descubre la libertad total de la escritura.

Libertad en el uso y extensión de la métrica, en la dilatación o contracción del poema, en la alternancia en el uso de verso y prosa, en la interpolación de idiomas extranjeros, en la elección de lo específico o genérico de sus temas. Y, por sobre todo, libertad total respecto de ideologías, movimientos, tendencias y modas.

En este sentido el lector se halla ante un poeta clásico en grado de romper los esquemas, de violar la prosodia, de alterar la sintaxis y subvertir la norma. Por esto mismo unas veces alcanza los umbrales del hermetismo y lo sublime – por momentos incomprensible y nebuloso – y, otras, desborda la inmediatez expresiva y sonora del idioma – por momentos concreto y nítido. Además, porque casi siempre lo conceptual se complementa con el mito y la metáfora se yuxtapone a lo prosaico.

En esta poesía resuena la contemporaneidad y toman cuerpo los mitos personales. Así el Caribe, los Taínos, Benny Moré y Woodstock alternan con Píndaro, Hermes, Aquiles, Héctor y personajes bíblicos. A paridad de interés e intensidad. Lo cual demuestra con creces cómo el mundo asemeja a un inmenso texto en que la palabra es profecía, espejo, experiencia, escoria en grado de permitir la reconstrucción de una memoria, de rescribir la historia, de descifrar la vida, de anidar la angustia, de amparar la soledad y de exorcizar la muerte.

En suma, Falquez-Certain es un poeta de Occidente y de éste hace una instancia universal. Y en él, como se verifica en los grandes fundadores de la poesía moderna, inspiración y reflexión se transforman en imágenes sensibles que van más allá de la metáfora aislada, baladí y huera de cierta poesía postmoderna tan en boga hoy, sobre todo en las metrópolis ricas del Norte imperial.

Varias son las poesías cardinales de este libro. Pero entre ellas asumen un valor mayor "Poética" y "La palabra habitada", sin que sean menos importantes, por ejemplo, "Tánatos", "Quo vadis", "Five Stone Wind", "Tántalo", "Hipótesis del sueño", "Habitación en la palabra" o "Curriculum vitae".

En "Poética" se concentra, como lo aclara el título, una declaración de intento de proveniencias, lugares de pertenencia, influencias varias y sentidos profundos, en el sentido aristotélico más estricto del término, que se complementan y explican recíprocamente con la galería de autores y libros en los que el poeta se apoya en los recurrentes epígrafes, todos citados en su idioma original y que se integran como cuerpo vivo en las poesías. Falquez-Certain es políglota, estudioso de literaturas en diversos idiomas y su manifiesta curiosidad por descubrir la mejor poesía es incesante y ejemplar.

"La palabra habitada" es paradigma de predominio del sentido de poesía pura en sus intentos y propuestas sobre el sentido de poesía espuria en su forma: una suerte de ejercicio lúdico en que siguiendo un esquema rígido se insertan versos libres y nuevos después de haber hecho una repetición cada cuatro versos en secuencia, aplicando el sentido estricto de la tautología, es decir, de la repetición de un mismo pensamiento expresado de distintas maneras e incluso de formas casi idénticas, pero que no son equivalentes. El principio es el de la circularidad del poema, en el que el verso central (el 56) que dice "la tautología es un caso extremo: contradice los límites del mundo", remite al lector al Borges que en *Discusión* escribe: "Estas tautologías (y otras que callo) son mi vida entera. Naturalmente, se repiten sin precisión; hay diferencias de énfasis, de temperatura, de luz, de estado fisiológico general". De este importante poema surge otra declaración de la poética del barranquillero. Se trata, quizá, de la inefable verdad de quien, como Borges (y como Sísifo, a propósito de las mitologías personales enunciadas antes), está sometido al eterno retorno pues es símbolo del transcurrir de la vida y del camino que ha seguido para alcanzarla.

Algo similar acontece en Falquez-Certain y resulta imposible no ceder a la tentación que cada libro sugiere. Particular interés representa *Doble corona* pues la forma elegida para la composición del poema es circular y cíclica: el primer verso de la poesía I será el verso conclusivo de la poesía XIV y el último verso de cada una de las poesías será el primero de la siguiente. Pero no es sólo sugestivo por el aspecto formal y el logrado recurso a la anáfora u otros *topoi* sino, porque al transcribir o hilar mentalmente los versos, el lector atento descubre que hay un poema interno que es también otra declaración de la poética del autor y que manifiesta expresamente elementos recurrentes a lo largo y ancho de todo *Mañanayer*:

> En medio de prodigios y portentos
> alfa y omega, el principio y el fin
> entre tus brazos, adormecido, impávido
> explorándonos con sabiduría y coraje
> bronceado por los agonizantes rayos
> trat[~~and~~]o de descifrar la sabia oferta
> purificándonos del deseo salobre
> En medio de prodigios y portentos
> al temblor de un aliento en la espesura
> el aro incandescente de un sol agonizante
> vida y muerte: un nuevo despertar
> a tus brazos desde la noche obscura

> nuestra pasión se convertirá en literatura
> una década de amor nos sustentará en la tierra
> En medio de prodigios y portentos

Esta nueva poesía, fruto de la arbitrariedad de quien firma, pero siempre escrita por el poeta de Barranquilla y de Nueva York, denota la riqueza y la versatilidad de este poemario feraz que hoy se propone al lector y ratifica la indiscutible afirmación de Novalis: "La crítica de la poesía es un absurdo".

Porque al final, con Falquez-Certain y *Mañanayer* ya insertados a pleno título en la familia de los poetas y la poesía más auténtica, y no sólo de ámbito hispánico, es bello recordar, hoy, ya adultos, que "fuimos niños tristes en una ciudad de piedra".

Milán, junio y 2010

Las últimas noticias de la guerra contra el tiempo

Gustavo Arango
State University of New York – Oneonta

La poesía está rodeada de silencio. Nace del silencio, se nutre de silencio, es una lucha contra el silencio en la que ambos están derrotados de antemano. Sus signos son la muerte y la derrota. Está hecha con estructuras que sólo se reconocen desde la perspectiva de la muerte. Mientras la narrativa se nutre de la vida, está llena de finalidad y de propósito, de cumplimiento de cosas prefiguradas, la poesía es absurda, nace póstuma, es el espejo de tinta en el que la eternidad y la nada se reconocen.

La poesía suele admitir formalmente su estrecha relación con el silencio. Abunda en blancuras, en cortes e interrupciones, en elipsis de lenguaje. Por mucho que se tensen las palabras, el verdadero dueño de la página es el silencio en todas sus versiones: la eternidad, la soledad, la nada.

Silencio suele ser la reacción que impone la poesía: el silencio religioso del que queda abrumado ante la inmensidad que sugieren las palabras, el silencio avergonzado del que descubre entre los versos aquellas vergüenzas propias que nunca se ha atrevido a llamar suyas, el silencio del que simplemente no encuentra comunión en el poema, también el silencio insultante, descorazonador, de esa ausencia de crítica – de atención – cuyo vacío retumba en lugares y tiempos donde la ignorancia es moneda corriente.

De manera que no es de extrañar que la obra poética de Miguel Falquez-Certain (Barranquilla, Colombia, 1948) haya recibido porciones gigantescas de silencio. No digo que Falquez-Certain sea un autor ignorado. Es un escritor de merecido y reconocido prestigio. Es autor de cuentos, piezas teatrales y traducciones literarias desde y hacia el inglés, que incluyen obras de García Márquez y guiones de cine tan importantes con el de la película *Che*, dirigida por Steven Soderbergh. La lista de premios, medallas y reconocimientos que sus cuentos y poemas han recibido podría ocupar el espacio de este ensayo. Su vida seguiría siendo admirable si sólo tomáramos en cuenta sus primeros años de vida, cuando hacía poesía con una varita mágica y el nombre artístico de Mago Migueline, una experiencia que lo llevó a compartir escenarios con leyendas como la Lupe y que, con el tiempo, se ha decantado en deliciosas crónicas de época. Pero con todo y eso, o tal vez justo por eso, el silencio frente a su obra, más allá del asombro y la reverencia, invade los terrenos de lo insultante.

El año 2009 marca un discreto y significativo acontecimiento en la obra poética de Miguel Falquez-Certain: la preparación del libro *Mañanayer*, que reúne poemas escritos a lo largo de cuatro décadas. Este ensayo no pretende ser un estudio exhaustivo de la poesía de este autor; esa tarea requiere más de un crítico, más de una especialidad y perspectiva. A lo sumo, este escrito es una nota de pie de página sobre una sola palabra: Mañanayer, con la que Miguel Falquez-Certain nos demuestra que hace falta menos de un centímetro cúbico de tinta para cambiar por completo el sentido de toda una obra y de la vida misma.

Mañanayer incluye seis poemarios distribuidos en un orden cargado de intención: *Palimpsestos* (1994-1996), *Usurpaciones y deicidios* (1989-1995), *Doble corona* (1991), *Habitación en la palabra* (1983-1990), *Proemas en cámara ardiente* (1988) y *Reflejos de una máscara* (1968-1982). Se trata de un viaje hacia el pasado, un regreso, un camino que se desanda por medio de la lectura. Los libros incluidos son heterogéneos y se ofrecen como capas geológicas que van revelando la génesis de las imágenes, de las obsesiones. Al final del viaje nos encontramos con un joven que vive sus primeras emociones, sus incertidumbres iniciales, su intuición del poder devastador del tiempo y que intenta conjurar todo aquello llenando de eternidad cada uno de sus instantes. El lector llega a esta renovada versión de los poemas acompañando la lectura que el autor mismo hace de sus propios textos. Se trata de un viaje desde el futuro hasta el origen, hasta la voz inicial de ese joven ignorante del futuro (que en la lectura es pasado) y al final de ese viaje es casi incontenible el impulso de decirle: "No uses tanto la palabra siempre. Este amor que para ti es eterno pronto será olvidado." Pero dejemos a ese joven y hablemos del conjunto, de este libro completamente nuevo que Falquez-Certain ofrece con las mismas palabras de sus viejos libros; como un Pierre Menard que insiste en recordarnos que las mismas palabras, en idéntico orden, pueden llegar a significar cosas completamente distintas a lo que significaron.

Así como el título general de la colección de este poemario de poemarios nos revela que el tiempo es un componente esencial en la poesía que vamos a leer, "Ciclos", el primer poema se encarga de que no nos quede ninguna duda:

> Aletargada en un sueño eterno
> la rosa presiente el eterno ciclo,
> ires y venires, ya todo apunta
> al retorno eterno, cíclica vida
> que siempre desembocará en la muerte.

La muerte – esa otra forma del silencio y de la eternidad – es el origen y el destino final, es el punto de partida y el de llegada, la perspectiva que le asigna sentido a los hechos de la vida. La reflexión sobre el tiempo será el hilo conductor de todo el libro, desde este primer poema del último libro, hasta el último poema del primer libro: ese homenaje a Julio Cortázar y, en particular, a su cuento "Axolotl", donde alguien abandona la humanidad y sus rituales para irse a ser una criatura en un acuario, un ser para el que el tiempo resulta innecesario.

No hay que ir muy lejos en la lectura para ver cómo la reflexión y la batalla contra el tiempo se transmuta en otros temas centrales, insistentes, predominantes. Ya en ese mismo primer poema, "Ciclos", empiezan a aparecer los otros rostros de la poesía de Falquez-Certain: el encuentro de los amantes, el diálogo con distintas tradiciones y el arrobo constante ante la inmensidad de lo cósmico:

> Tu cuerpo esbelto reposa dormido
> y al no percibir mi impertinente
> atisbo, tus miembros cincelados en
> el mármol vibran sorprendidos.
> La fría nebulosa tiembla en la
> crisálida, los brotes verdes saltan
> perforando la glacial corteza,
> y surgiendo la rosa finalmente
> retando a tu hermosura te despierta.

Cada una de estas vertientes, el amor, la tradición (aquí representada por la alusión a la escultura) y lo cósmico, tiene una presencia poderosa en toda la obra. *Mañanayer* puede ser leído como la crónica de los amores reales e imposibles que marcaron la vida de una persona. Uno puede intuir en muchas líneas el correlato preciso con una experiencia de la realidad, con una persona específica. En ocasiones, la persona aparece señalada en la dedicatoria. Podría pensarse que la presencia ostensible de lo personal es irrelevante para el lector del poema, pero es justamente esta renuncia a la generalización lo que le confiere universalidad a la emoción o la experiencia representada; actúa como su prueba de autenticidad. La prueba definitiva de verdad, esa condición necesaria de toda poesía (y hay que señalar que es frecuente en otros autores el error de creer que hacer poesía es adornar o disfrazar), la hallamos en la disposición de la voz lírica para exponer los lados patéticos y ridículos de la experiencia amorosa. Gustavo Ibarra Merlano, otro poeta rodeado de silencio, hablaba justamente del temor en la poesía contemporánea a expresar la complejidad de sus emociones: "Tienen mucho miedo a expresar el patetismo del alma. Le tienen una especie de pudor. Pero, carajo, si uno no expresa lo que siente profundamente, entonces qué va a expresar" (Arango, 211). *Mañanayer* es un libro donde no hay temor a expresar el patetismo del alma. Está lleno de poemas donde aún perdura el temblor de ansiedad o de deseo, el estremecimiento que producen un roce o una mirada. Un estudio profundo del concepto del amor en la poesía de Falquez-Certain tendrá también que considerar la manera cómo su poesía encuentra un lenguaje fluido, libre de culpas o ruidosas militancias, para expresar la experiencia homoerótica. También sería preciso explorar la representación de la belleza del cuerpo como escultura en el tiempo, tal como se aprecia en el poema *Los campos de Marte*, donde un soldado "hermoso y virgen" salta en mil pedazos, destruido por el patriotismo, por la guerra, versiones bastardas del tiempo que todo lo destruye. No es difícil descubrir, entonces, que detrás de la reflexión sobre el amor y la belleza permanece como telón de fondo la reflexión sobre el tiempo. Sorprendemos a los amantes en diversos puntos del ciclo del tiempo: el del deseo, el de la eternidad del encuentro, el del reposo, el del desencuentro. Toda experiencia amorosa se constituye en tragedia cuando la miramos desde la perspectiva del tiempo.

El desencuentro es justamente el tema de *Proemas en cámara ardiente*, uno de los poemarios finales (o iniciales, según se va o se viene, como diría Rulfo). Sólo dos poemarios del libro parecen tener una unidad concentrada: *Doble corona* (1991) y *Proemas en cámara ardiente* (1988). Ambos están marcados por una gran intensidad y una evidente unidad temática. *Proemas* parece ser la crónica de una relación amorosa que está languideciendo. El título mismo sugiere el ardor del deseo, pero también la muerte. En el caso de esta relación, el encuentro nunca fue completo. Mientras los cuerpos se entienden, el poeta se ve obligado a silenciar una enorme porción de su ser, la que está en diálogo con numerosas tradiciones. Cita a Joyce, sabiendo que su amado no entenderá la referencia. Las lecturas conjuntas de la *Enciclopedia británica* no consiguen estrechar el abismo que separa a los amantes. La fugacidad del encuentro contrasta con la eternidad de la separación. El "siempre" de los poemas juveniles de *Reflejos de una máscara* empieza a transmutarse en el nunca. Pero el tono sombrío de *Proemas* (juego de palabras alusivo a la forma de poemas en prosa que tienen esos textos), se disipa cuando ese conjunto se integra a *Mañanayer* y vemos desde otra perspectiva la importancia de aquello que había sido silenciado por esa relación. Al mirar las emociones desde la distancia, el padecimiento de los múltiples presentes se transmuta en verdad luminosa. Como señala Emerson: *"Every thing is beautiful seen from the point of the intellect, or as truth. But all is sour, if seen as experience."* (116)

Se necesita un equipo internacional de especialistas para abordar con justicia la faceta de la obra de Falquez-Certain que dialoga con distintas tradiciones culturales. Basta observar la variedad de lenguajes (inglés, francés, italiano, griego, latín, hebreo), los diversos orígenes de las citas y referencias que sirven de contrapunto a los poemas, para percibir la amplitud, la variedad de voces que dialogan en su poesía. En estos diálogos y encuentros el tiempo está abolido y la voz lírica hace eco, parafrasea, replica o disiente con autores y personajes tan diversos como Safo, Stephen Hawkings, Wittgenstein, Leopardi, José Emilio Pacheco, Teseo, Judit, Benny Moré, Barba Jacob, T. S. Eliot, San Juan de la Cruz ("vivo sin vivir en mí"), el Quijote, Velázquez, Virgilio, Rimbaud, Kavafis o Rainer Maria Rilke. Esta vocación de amplitud también se manifiesta en la voracidad con que se abarca el espacio: París, Nueva York, el Caribe, Iguazú, el desierto o la montaña. Sería fácil caer en la tentación de acusar de exhibicionismo este despliegue de referencias, pero ésa sólo sería una manera de reconocer nuestras limitaciones frente a la inmensidad del horizonte que despliega la obra. Más que decirnos lo que sabe, Falquez-Certain hace suya la idea de Emerson de que cada uno de nosotros tiene dentro de sí mismo todo el universo y toda la historia de la humanidad, que todos los filósofos y poetas que han existido hablan con nuestra voz y nuestras manos. Lo curioso es que todos parecen hablar de lo mismo: del tiempo y de la eternidad.

En *Time and Narrative* el filósofo francés Paul Ricoeur menciona tres tipos diferentes de tiempo. En un extremo se encuentra el "tiempo personal", aquel tejido de segundos que sólo dura unos cuantos decenios; en el otro extremo se encuentra el "tiempo cósmico", con sus millones de años y sus distancias inconcebibles. En medio de los dos se encuentra el "tiempo histórico que hemos creado para no ser aplastados por la vastedad del tiempo cósmico" (274). La poesía de Falquez-Certain hace referencia constante al tiempo cósmico, es su obsesión central, porque en él se encuentra el enigma de lo eterno. El poemario *Doble corona* (1991) está construido como una serie de coronas ígneas, donde un poema abre lugar para el siguiente, mediante la repetición de un verso. Lo geológico es también una estrategia para alcanzar la comprensión del tiempo cósmico. *Habitación en la palabra* se resuelve al final en un poema explosión, oleaje de lava, que invade la página y elimina el silencio.

Esta reflexión sobre la vastedad del tiempo, y lo ínfimo del tiempo personal, se encuentra muy claramente expresada en *Ego sum qui sum*, poema en prosa que forma parte de *Usurpaciones y deicidios*. Allí el poeta está instalado un día en el planetario, considerando la idea de dejarse llevar por los grandes interrogantes y las galaxias y las ondas hertzianas a miles de años luz:

> [...] todo te abruma el coco y te lo dices para tu coleto, vaya qué osadía aún creer que mi religión sea la verdadera, hoy en día, mire usted, la iglesia, la sinagoga y la mezquita, hace tiempo que no nos tira una visita, vaya, vaya hombre, vaya, el mundo y su creación después de tantos cipotazos y agujeros negros, acaso llegaremos algún día a instalarnos en la mentalidad cosmogónica y verlo todo en panorámica y con sonido Dolby, viajar en rayos láser en reversa y percibir la "historia" sin tocarla, mejor dicho *sucediendo* (no la "historia" de los vencedores), digo, dígole, es posible que enanitos, o seres marginales, hombrecitos verdes y todo el cachivache amontonado en los paquitos de la ficción científica no sean más que pamplinas, vaya usted a saber, a lo mejor el mundo lo inventaron los teúrgos, en todo caso Nietzsche, y si entendemos que la guerra genocida se identifica con el tiempo, y que estamos íngrimos-y-solos-en-esta-soledad-tan-sola, qué fenómeno, y que el infierno con que tantas veces te asustaron no es más que un embrollo de caninos, sólo entonces.
>
> A lo mejor un día llegaremos a saber cómo es que funciona la mente de ese *Man*.

Y así guerra y tiempo vuelven a identificarse, porque ambos nos aniquilan, se llevan nuestros instantes, arrastran con amigos muertos a los que el poeta sigue hablando como si estuvieran vivos y presentes y escuchando. La función del poeta es darle la batalla a ese tiempo emisario de la muerte:

> Tu triunfo es vencernos, indudablemente,
> pero el nuestro es encerrarte en la cuartilla.

Pero al dar la batalla existe siempre la conciencia de que no hay verdaderos ganadores, porque el tiempo es sólo una metáfora de lo eterno y el tiempo es la sustancia de que estamos hechos. Como lo señala Borges: "El tiempo es un río que me arrebata, pero yo soy el río; es un tigre que me destroza, pero yo soy el tigre; es un fuego que me consume, pero yo soy el fuego" (181). De manera que al final al poeta sólo le queda la victoria pírrica de atrapar el tiempo, consiguiendo así atraparse a sí mismo en la eternidad de sus instantes.

Más de diez años han transcurrido desde que fuera escrito el más reciente poema de la colección. Uno podría caer en la tentación de pensar que el autor ha dejado de escribir, ha renunciado, se ha dado por vencido. Pero no. Como Sísifo, emprende nuevamente el ascenso a la montaña empujando la roca que volverá a caer. Su eterna derrota le ha enseñado a refinar su arte, a evitar excesos. Ha descubierto que hay muchas maneras de empujar la roca hasta la cima, que a veces puede ser suficiente con una sola palabra. Diez años de silencio fueron necesarios para que saliera de sus manos un nuevo vocablo, nueve letras continuas, una nueva palabra, que por sí sola transmuta el sentido de toda una obra.

Mañanayer es otra batalla ganada en la guerra contra la muerte, contra el silencio, contra el olvido. Reunir la obra poética de cuatro décadas y estructurarla como un "viaje en reversa" se constituye en un triunfo contra el fatalismo del tiempo, contra su unidireccionalidad. Al tiempo lineal, al tiempo de la guerra y de la muerte, se le contrapone un tiempo cíclico que promulga lo eterno. El viaje desde la rosa eterna, en el primer poema de la nueva colección, hasta la criatura en el acuario del viejísimo poema que la cierra, es un regreso al origen y una disolución del poder destructor del tiempo. Mañana y ayer, las dos palabras que se juntan, que aprisionan al silencio en su centro y lo destruyen, son una paradoja interminable que hace del tiempo un prisionero en la cuartilla. Esa palabra con aire de verbo intransitivo, como nevar, como llover, es una nueva refutación del tiempo en la eterna batalla entre lo temporal y lo eterno.

> De improviso vives los días idos,
> la insolencia, el desparpajo, ya no
> le temes a la muerte, todo es puro,
> el gran amor que te revela presto
> los deleites, instantes fugitivos
> que te devuelven al presente mudo.

Al final, en esta versión renovada bajo la luz de un nuevo término, el poema se convierte en una mezcla de celebración y funeral donde la palabra, hija del tiempo, se destruye a sí misma, porque en su propia destrucción está el secreto de toda la creación.

Bibliografía

Arango, Gustavo. "Gustavo Ibarra Merlano: Un buen hombre con una maleta repleta de poesía." *Retratos.* Alcaldía de Cartagena, 1996.

Borges, Jorge Luis. "Nueva refutación del tiempo". *Obras completas II*. Buenos Aires: Emecé, 2007.

Emerson, Ralph Waldo. *Essays.* The Spencer Press, 1936.

Ricoeur, Paul. *Time and Narrative.* Vol. 3. Chicago: University of Chicago Press, 1985.

Palimpsestos
(1994-1996)

Palimpsestos obtuvo la medalla de plata en el XXXII Certamen Literario Internacional "Odón Betanzos Palacios" del Círculo de escritores y poetas iberoamericanos (C.E.P.I.) de Nueva York en 1996. El poemario fue escogido entre ciento cincuenta manuscritos por el jurado compuesto por el Dr. Óscar Montero (Lehman College y Graduate Center, City University of New York), el Dr. Juan Fernández Jiménez (Pennsylvania University) y el Dr. Stanko Vranich (Lehman College, C.U.N.Y.).

"Inversión de la imagen", "Óptica infinita", "Orfandad" e "Ítaca" fueron publicados en *Boletín del CEPI*, Vol. 1, No. 3, junio de 1996; "Espejismos" en *Realidad aparte*, Nueva York, No. 19, verano / otoño, 1996; y "Los campos de Marte" en *Linden Lane Magazine*, Fort Worth, Tejas, Vol. XVI, No. 1, marzo / primavera, 1997.

Para Linda Isabel y Flavia Marina

> Not worms, not worms in such a skull
> But rhythms, rhythms writhe and sting and crawl.
> He sings the seasons round, from bud to snow.
> And all things are because he willed them so.
> —Peter Viereck, "The Planted Skull"

Ciclos

Aletargada en un sueño eterno
la rosa presiente el eterno ciclo,
ires y venires, ya todo apunta
al retorno eterno, cíclica vida
que siempre desembocará en la muerte.
Tu cuerpo esbelto reposa dormido
y al no percibir mi impertinente
atisbo, tus miembros cincelados en
el mármol vibran sorprendidos.
La fría nebulosa tiembla en la
crisálida, los brotes verdes saltan
perforando la glacial corteza,
y surgiendo la rosa finalmente
retando a tu hermosura te despierta.

Sed insaciable

En la pulpa del desierto
abrigas la oquedad, zumo
inalcanzable, sin brillo
roza lo intangible, dudas
tu razón obnubilada
en la arenilla, magenta
displicente, rótulo que
ya desmiente tu osadía,
devorante en la saliva
ausente, el sol que burila
calcinando tu figura,
alucinante el sueño
que fatiga los oasis:
dudas, sueñas, mueres frío.

Óptica infinita

A L. Meyer, in memoriam

Tus ojos que interpretan cataclismos
Tus ojos que vibran en lo incierto
Tus ojos que narran lo inaudito
Tus ojos que titilan exhaustos
Tus ojos que merecen el descanso
Tus ojos que temblaron con mi cuerpo
Tus ojos que despertaron la crisálida

Tus ojos, bóvedas marinas
Tus ojos, cilicio de mis noches
Tus ojos, lucha de delfines
Tus ojos, buril de mi romanza
Tus ojos, aguijón de mi lujuria
Tus ojos, yunque de mi entrega
Tus ojos, ocarina en la pirámide
Tus ojos, miel de mi amargura
Tus ojos, picaflor en desenfreno
Tus ojos, artífices de mi sino
Tus ojos, centauros de mis bosques
Tus ojos, karma de mi cuerpo
Tus ojos, seductores de nenúfares
Tus ojos, narcisos sorprendidos,

reflejan mi vida en un instante
fugitivo que sólo me nombra
cuando callas, tus ojos que
marcan mis senderos tortuosos,
desnudos escondidos en el puerto,
labio a labio, cuerpo a cuerpo,
tus ojos que ahora se cierran para siempre.

Iniciación

A José Corrales

Corrales, al leerte se proyecta
raudo, incólume, ese Nicolasito
Pertusato de Velázquez, el mismo
que acompañó mis soledades ayer
cuando era niño, la miniatura de
galán que decía la guía de El
Prado, sobre el podenco su menudo
pie, Perico entre Meninas, diadema
hermosa adormecida en el recuerdo.
El olor a musgo de aquellas cajas
abandonadas a mi sino fueron
mundos fascinantes que me tornaron
en Quijote y Sancho, pintor mirando
su obra en el espejo reflejándolos.

Orfandad

Al quebrarse en miles de esquirlas, rota
para siempre la potera bávara,
el frío estupor de desconcierto ya
amilana la furia concentrada.

Los diamantes, los juegos de amatista,
las rifas portentosas que abarcaban
todas las riquezas de aquella magia
hoy desvanecida ya en la nada.

¿Qué se hizo el impulso adamantino,
las tortuosas alianzas, adónde
han ido? Sólo nos quedan dos muertes
verdaderas. En la orfandad precisa
del obscuro laberinto humano
sólo rutila la certera nada.

Dádiva

El sol besa cadencioso
en rápido ondular, ría
que desborda tu cintura,
febril y dulce camino
recorrido con sigilo,
éxtasis mordiente, mío
tu sabor aletargado,
espesura que me brindas
en los trinos, las centellas
que te fijan en los moldes
truncando ya el desafío.

Tu generosa dádiva
en la espesura me fecunda.

Rut

A Ruth de De Castro, in memoriam

Con desconcierto descubriste que ya tu vida
se encontraba amenazada a un final tormentoso
e inminente y, sin embargo, luchaste con tesón
por no abandonar a los que habías bien formado.

La ruta tortuosa nunca marcó en tu rostro
el profundo dolor ni el desasosiego, cauta
mirabas con tristeza a los más débiles, seres
que ya sin ti andarían tanteando el horizonte.

Sin seno para nutrirlos resististe, brava
guerrera de la Biblia, tu lealtad incólume
conforme a tus principios les diste generosa

y al no poder continuar con tu tardanza, cuando
el sol despuntaba ansioso, los miraste desde
lejos, aceptando ya la fuga de tu aliento.

Inversión de la imagen

Hurgando en mi memoria sólo busco
el ritmo de mi sangre adormecida,
canícula perpleja que domina y
reverbera el oasis de mi vida.

Espejismos burilan mi conciencia
sin escanciar la savia verdadera,
el fusco ritornelo que trastorna
la frágil robustez de mi cordura.

Los retos, el placer y el desenfreno
refulgen congelados en el tiempo
reflejando la imagen invertida:

negativo fugaz que se deslíe
en el magenta impúdico y obsceno
de un presente grosero y atrevido.

Espejismos

> *Olvidemos sin arrogancias*
> *a los que no pueden querernos*
> *a los que buscan fuego y caen*
> *con nosotros al olvido.*
>   —*Pablo Neruda,* Estravagario

Hoy he decidido ver *El último
mohicano* cuando las luces
de la tarde otoñal se diluyen en el frío.
Los rumores de la gente van creando
una modorra y me desplazo con dificultad
por los andenes atestados. Las puertas
del "C" se abren soñolientas con
bocanadas de aire caliente, enrarecido,
y tú estás allí, displicente, con un
letargo que nubla tus ojos prusia, que

los vuelve tristes. Tal vez es una fantasía,
no puedo asegurarlo, pero es el mismo lunar
en la mejilla izquierda, tus mismos ojos
con máculas amarillas que interrogan
a la vida, el mismo cuerpo esbelto
de tus veinte años. ¿Recuerdas?
Tu nombre irreal me era conocido aunque
sin conjugarlo con tu rostro que sólo
era leyenda en los corrillos de las
amistades mutuas. Mis tutorías lingüísticas

en tu *alma mater* forjaron el albur
de tu presencia, tu imprevista sonrisa
tortuosamente acogiéndome. Pero eras tú,
finalmente. ¿Quién lo hubiera dicho?
Nuestros ojos se encontraron con astucia

y fue fácil forjar una amistad con
tintes de lujuria y perseguimos a la
noche, descubriéndonos los cuerpos,
espejeando sudorosos entre las sábanas
de mi lecho, besándonos sin cuartel

hasta el amanecer lechoso que trajo
el rocío refrescante de un posible
idilio, de algo que ambos deseábamos
nos enseñara un rumbo fascinante y nuevo.
El vaivén del metro te cimbrea y sólo
tus ojeras denotan acaso el paso
del tiempo, tus labios aunque resecos
por el intenso frío aún muestran
sus carnosidades sensuales perfectamente
dibujadas y adivino el rojo punzó

de entonces: fue difícil al principio.
Un recital de Brahms y Liszt propició
la excusa para nuestro segundo encuentro
y un beso efímero y virgen de despedida,
ofrecido con sonrojos en la puerta,
nos hizo temblar de posibilidades.
Pero no habría de ser — andabas por
la vida a tientas, no estabas seguro
de tus propios jugos, vacilabas tratando
de encontrar un asidero y la paciencia

tuvo un límite. Nuestros ojos vuelven
a cruzarse ahora luego de dieciocho
años y apartas la mirada con desgano.
Siguen siendo intensos con el mismo
fulgor que me derretía por dentro,
que me hacía dudar de mi propia realidad.
Un día me confesaste tu desasosiego,

su llegada inminente. Luego vinieron
el abandono, las consabidas nupcias y
la llegada del hijo que te brindaría

la seguridad que no tenías. He llegado
ahora a mi destino y al abandonar
el metro miro por última vez tu rostro,
tus ojos que me interrogan confusos,
tu cuerpo esbelto. Pienso que no puedes
ser tú el mismo, que ha pasado tanto tiempo,
que quizás seas un sosias, que el tiempo
implacable nunca se detuvo, que hoy
tu hijo tiene veinte años y que estos
versos diacrónicos perpetuarán tu ausencia.

A C. Bustillo

Meleagro

Quiso el destino que murieras tan pronto el leño,
transformado en brasa, encontrara ya incinerado
su propio sino, y contumaz mi hermana rescató
con diligencia el tizón enfriando su cuerpo
cuasi destruido, y amorosa al esconderlo,
con premura devolvió tu reino florecido.
Supiste luego cosechar los apetecidos
triunfos hasta hoy que enceguecido ya reniegas
de nosotros, asesinando la rica savia
de los tuyos: ¿de qué te servirá este trofeo
codiciado? En tu amargura has cincelado con el
hado tu mortal caída. Tu madre rescata
del olvido el leño y, con firme mano, lo tira
al hogar despojándote del vital suspiro.

Los necios oficios

Osa la cana apresurada salir
buscando la luz en el gris ocaso
cuando del jefe merma la energía,
en rapto agita el fuego de su pueblo
prodigándoles sueños vanos, dando
consistencia a lo perdido. Mas que
importa la canosa barba, allí
está el caimán adormecido, el sol
en la entropía encubre ulteriores
desvaríos y con ímpetu lanza
a la masa en su demencial carrera,
los denarios proliferan, rutilan
en la lejanía los fatuos fuegos
que ya le hacen reptar en su agonía.

Los reductos del olvido

A Joaquín Méndez Gaztambide

Sin que te reproche o dude de tu olvido siento
que cada día mi amor por ti se torna mudo
al mirar cómo la dulce sombra de tu angustia
agota la paciencia y al hontanar dormido.

¿De qué nos sirven los años compartidos, sueños
que forjaron las costras del olvido? Partirás
a tu destino para siempre y, en el reducto
de un rencor, ya marcharás perdido entre tus rumbos.

Tus besos duermen en los recodos del recuerdo,
tu cuerpo permanece incólume, perfecto, no
parece que el odio o la violencia hayan hecho
mella en los rubores prístinos de los ayeres
que se niegan a morir en las presentes lides:
tu rostro evanescente cincela las memorias.

Los campos de Marte

> *...that attractive rainbow that rises in showers of blood*
> *— that serpent's eye that charms to destroy.*
> *—Abraham Lincoln*
>
> *Patriotism is the last refuge of a scoundrel.*
> *—Samuel Johnson*

Al surgir el mancebo de la selva,
su rostro imberbe embadurnado mira
azaroso la fusca confluencia:
el fusil apunta con temor, nada
le asegura la validez, la justa
medida de su sacrificio; el sol
calcina sus designios, los tremores
de la tierra se aúnan a su cuerpo,
e insiste en avanzar, la patria llama
al concepto equivocado, el rumor
del enemigo lo alucina, ebrio
arremete mancillando el tricolor
hermano y pisando en falso, su cuerpo
hermoso y virgen salta en mil pedazos.

Ítaca

A Claudia Acosta-Madiedo

El sol poniente inunda de amarillo
el viejo muelle abandonado y sucio;
por él desfilaron divas, tenores
y barítonos, el gran Titta Ruffo
fue recibido con laureles al son
de una concertina. Los tiempos grises
opacaron su esplendor, redujeron
a polvo su estructura, y en la foto
agrietada ves los años que fluyen
a la inversa, espuma de la vida
que filtra los recuerdos de la infancia:
el cantil que te succiona, los gestos
inútiles, el yodo en los pulmones —
la quimera de un viaje sin retorno.

Tántalo

> *Vivo sin vivir en mí,*
> *y de tal manera espero*
> *que muero porque no muero.*
> —San Juan de la Cruz

¿De qué me sirve haberte conocido?
Eres la fruta de socorro, el impulso
adormecido. Vives en mí sin tesoro
de un ritmo que las rutas no conoce
y, sin embargo, trafica los sentidos.
¿De qué me sirve haberte conocido?

¿De qué me sirve haberte conocido?
Infante fui en el camino adormecido,
rey sin caudal, honorario de apellidos,
vivo sin vivir en ti, arbolario desmentido,
las rutas de tus caminos he perdido,
¿de qué me sirve haberte conocido?

¿De qué me sirve haberte conocido?
Fuiste la miel en los campos fértiles,
el recodo adormecido. La fruta jugosa
en mis entrañas, el temblor dormido.
Tu saliva nutrió mis adormecidos besos y
¿de qué me sirve haberte conocido?

¿De qué me sirve haberte conocido?
Fuiste la hiel en la miel de mis entrañas,
el temblor de un huracán en el olvido.
Soy ahora el rumor de tus recuerdos,
la esperanza de un recuerdo adormecido.
¿De qué me sirve haberte conocido?

¿De qué me sirve haberte conocido?
Eres el escorpión de mis ensueños,
la fruta dadivosa del olvido,
en ti vivo cuando trastroco los recuerdos,
la verdad fementida del olvido,
¿de qué me sirve haberte conocido?

¿De qué me sirve haberte conocido?
Intransigente busco el rubor de tu planicie,
el caro rumor de tu molicie. Vives en mí
y, sin saberlo, el calor que te acaricie
en mí vivirá con todos tus sentidos.
¿De qué me sirve haberte conocido?

Carpe diem

> *Goza tu instante, goza tu locura*
> *todo se ciñe al ritmo del amor.*
> —Porfirio Barba Jacob

Del álbum olvidado se desprende
jibio tu retrato y no comprendes
adónde se te fueron esos años.
Te miras con asombro y pronto dudas
que seas tú el mismo, la barba al viento,
el rostro juvenil, franca sonrisa,
el cabello alborotado — perduras
en la magia memoriosa del albur.

De improviso vives los días idos,
la insolencia, el desparpajo, ya no
le temes a la muerte, todo es puro,
el gran amor que te revela presto
los deleites, instantes fugitivos
que te devuelven al presente mudo.

A Pedro R. Monge Rafuls

Usurpaciones y deicidios
(1989-1995)

Una versión temprana de *Usurpaciones y deicidios* obtuvo la segunda mención honorífica del Concurso de poesía 1990 del "Instituto de escritores latinoamericanos de Nueva York" con un jurado compuesto por Roberto Echavarren (Uruguay), Margarita Fernández Olmos (Puerto Rico) y Jaime Manrique Ardila (Colombia).

"Los dioscuros" apareció en *Brújula <> Compass* en el verano de 1991; "Cadáveres exquisitos", "Ordalías" y "Poética" fueron publicados en la revista *Realidad aparte*, No. 15, otoño de 1993; y "Benny", "Belial, tu íntimo enemigo" y "El forastero" en *Linden Lane Magazine*, Vol. XVI, No. 1, primavera de 1997.

A Rafael Parra

Me, me adsum qui feci.
—*Vergilius*, Aeneis, *IX, 426*

Los dioscuros

Mag auch die Spieglung im Teich
oft uns verschwimmen:
Wisse das Bild.

Erst in dem Doppelbereich
werden die Stimmen
ewig und mild.
—R. M. Rilke, Die Sonette an Orpheus, *I.9*

En la palabra sin moldear reconoces el infundio de las anfibologías y con ella en ristre declinas sus meandros en postulados ficticios que interrogan las posibilidades del significado. No todo es lo que aparenta ser y en el caleidoscopio de las fábulas el papel indudablemente resiste mucha tinta: el contorno sólo entorna, fugazmente, la entrada hacia las múltiples ofertas.

Al fijar momentáneamente la nota inequívoca se descartan los itinerantes lapos de una ruleta: corcheas o semicorcheas, poco importa — es imprescindible mantenerse a flote en el *continuum* modulante de lo incierto.

A-ciencia-cierta no sabemos nada, es evidente y, sin embargo, es preciso que lo diga. La palabra flota, brilla, salta, se ofrece opaca o translúcida, pero siempre en la múltiple, ilimitada y proteica lava en que tú y yo nos informamos. Sólo es infundio si así decidimos congelarla. Nada es perentorio y sí, casi siempre, altisonante. Definir en lo definitivo es darle forma, aunque podamos, sin ningún agüero, distorsionarla, usurparla, venderla, aliterarla, traicionarla o, si-me-da-la-gana, adulterarla.

Sólo en su interna contradicción existe el verbo: las acepciones son espejismos — conviven en su angustiosa y dioscura disimilitud. Escucha con diligencia la pluralidad de voces: el-símbolo-ha-muerto-viva-el-símbolo.

Hipótesis del sueño

And it came to pass, when he had made an end of speaking onto Saul, that the soul of Jonathan was knit with the soul of David, and Jonathan loved him as his own soul.
 —First Samuel, *18:1*

Let him kiss me with the kisses of his mouth — for thy love is better than wine.
 —The Song of Songs, *1:2*

Sin embargo, nunca di cuenta cabal de tu total entrega. Después de todo fui yo quien buscó tu olor a musgo hasta encontrarte distraído junto al bar en las luces opalinas de la tarde. Estabas rodeado de turiferarios que me impedían acercarme; nuestros ojos se cruzaron con paciencia. Al inclinarme percibí los vellos de trigo que formaban abesanas en tu nuca, sentí la marejada de tu aliento, presentí una entrega. Nuestros labios nos mostraron el camino.

Una ruptura reciente me había vuelto vulnerable. Codiciaba tus besos, anhelaba tu cuerpo joven de caña dulce, aspiraba la fascinante sorrostrada de tu ingenua labia. Abandoné todo por tus labios. Con la resolana del verano golpeando las paredes, mordisqueé tus botones hasta arrancarlos y te encontré, sólido y perfecto, en el sudor alicorado de tus muslos, en la transpiración interna de tu ombligo: nos incorporamos en medio de las sábanas con los embates tercos de una lujuria postergada, irguiéndonos en el ombú de aquella tarde irremediable.

La costumbre nos vuelve deleznables. Adocenado y pusilánime, prefiriendo lo seguro ante el azar de lo sublime, regresé al sendero tortuoso pero conocido, a la artritis complaciente del olvido.

Todo me ofreciste y, sin embargo, preferí los requilorios de una alianza insulsa. Un día codicié los besos de tu boca. Ya no existes. Vives en la hipótesis del sueño.

A Magdalena Araque

Quo vadis

> *Nisus erat portae custos, acerrimus armis,*
> *Hyrtacides, comitem Aeneae quem miserat Ida*
> *venatrix, iaculo celerem levibusque sagittis,*
> *et iuxta comes Euryalus, quo pulchrior alter*
> *non fuit Aeneadum Troiana neque induit arma,*
> *ora puer prima signans intonsa iuventa.*
> *His amor unus erat pariterque in bella ruebant;*
> *tum quoque communi portam statione tenebant.*
> —Vergilius, Aeneis, IX: 176-183

¿Cómo poder negar el fusco camino recorrido? La vegetación feraz del Río Magdalena explotaba en alucinantes bólidos mientras la tropa buscaba una formación eficiente ante el presunto enemigo. Un turbión torrencial sacó de raíz al guayacán obligándonos a buscar refugio en el kilómetro cero. Sólo entonces tu rostro se dibujó en la candela de la hoguera. Temblamos de frío al recordar con placer una carrera compartida en otros tiempos, una victoria que yo te había ayudado a conseguir. Tus labios estaban húmedos, paladeabas con gusto cada palabra enunciada en la neblina hostigante, tu lengua jugaba con tus labios, remordías aquí y allá rastros fulgurantes.

Los rescoldos se apagaron con los últimos vestigios de la garúa pertinaz y en el sopor abrumante de esa ribera desierta hicimos el amor. Poco a poco nos fuimos despojando de los uniformes que nos impedían conocernos más a fondo: nuestros bálanos turgentes capiroteaban embriagados y nuestros labios florecían henchidos con el mordisqueante tesón de nuestros besos. Los cuerpos se sacudieron en el benjuí de nuestros jugos fugitivos mientras descendíamos por aquella marisma fustigante y nuestras manos acariciaban las natises: al abrazarnos en el *chiaroscuro* de la selva, mi rostro conoció tu rostro, nuestras manos se unieron en fértiles y calípigas caricias.

El rumor de la guerra golpeó con furia nuestros sueños. En la otra ribera estaba el vivaque enemigo. Aún embelesados por los zumos del encuentro, nos ofrecimos a cruzar el río, al asalto sorpresivo de los bárbaros. La truculencia en la batalla no nos era ajena. Natátiles, flotamos con los lotos gigantescos del martillo. Nadie había considerado esa alternativa y enajenados nos desplazamos subrepticiamente por las barrancas cortando las cabezas de los guardas que yacían indefensos en la modorra de la juerga nocturna. La arenilla blanca se vistió de púrpura y un turbión de sangre desembocó en el delta. Habíamos triunfado.

De un recodo nos emboscó una patrulla exploratoria y sólo vi cuando de un tajo tu cabeza cayó rodando por la colina hasta empalarse en la picota enemiga.

Cadáveres exquisitos
(Carta a Verlaine)

> *Devant une neige un Être de Beauté de haute taille. Des sifflements de mort et des cercles de musique sourde font monter, s'élargir et trembler comme un spectre ce corps adoré; des blessures écarlates et noires éclatent dans les chairs superbes [...] Oh! nos os sont revêtus d'un nouveau corps amoureux. [...] O la face cendrée, l'écusson de crin, les bras de cristal! Le canon sur lequel je dois m'abattre à travers la mêlée des arbres et de l'air léger!*
>
> —Arthur Rimbaud, "Being Beauteous"

Un pistoletazo habría de cancelar todas las posibilidades. Antes, en la campiña, soñaba con tu rostro griego como burilado en la cera mágica de un túmulo —parecías irreal aunque podía pasearme desnudo por los corredores de tu casa para siempre desembocar en tus brazos fuertes. Me alzabas en vilo y me sentabas sobre una mesa de roble y me mirabas lánguidamente, tratando de descifrar mis pensamientos en las llamas prusia de mis ojos. Me despertaba extasiado con el sabor de tus besos cerriles en mis labios.

Perseguí mi sueño hasta finalmente conocerte en medio de una turba que nunca entendió la necedad de mis empeños: eras diez años mayor que yo y el yunque de la fama te prodigaba sus apetecidas delicias. Aquello no fue óbice a nuestros desenfrenos y redescubrimos día a día nuestros cuerpos en una demencial lujuria que sólo ofrecía renovados retos.

El-mundo-nos-parecía-un-pañuelo en nuestro insaciable nomadismo, emborrachándonos en todas las cantinas y tabernas que nos topábamos por los caminos polvorientos del continente. La palabra y nuestros cuerpos eran los únicos requisitos. Tú creías en la música, en la obligación de un ritornelo. Yo, a veces, me despertaba enloquecido en medio del desorden de las sábanas y despotricaba contra el mundo tratando de recuperar la cordura en las visiones pavorosas de mi infancia, en la iluminada necesidad del verbo. Tú insistías en creer que yo estaba poseído por el diablo.

Sin embargo, fuiste tú quien nunca pudo comprender mi condición de libertad, mi emancipación de tus requilorios burgueses. Mis orines en la mesa de la *élite* no fueron apreciados. Tus celos en verdad me tornaron monstruoso y mórbido. Aquel pistoletazo puso término a lo que ya había muerto definitivamente en nuestros cuerpos.

Benny

> *On dirait que son phrasé accompagne au millimètre près les pas d'une danseuse étoile, dont les pointes rebondiraient sur les tambours.*
> —Gérard Arnaud

De tus ancestros yoruba y congo, de su palenque de esclavos, del olor del melado viene tu son. Cuando saliste de Santa Isabel de las Lajas, con el giro de la tómbola surgió tu encrucijada — el salto a México y tu fusión con Dámaso. Sus cobres seguían a Machito y tú en medio de ellos, con la boina hacia atrás bien enfundada dejando ver tus cabellos apretados, tu tez canela, tu bigote perfectamente recortado, tu inmensa sonrisa blanca, tus cejas arqueadas, tu traje de pachuco y el eterno habano en los labios, entonabas tus canciones como sólo tú has podido hacerlo: no importaba que las letras fueran anodinas, tu voz suave, precisa, forjaba fuegos artificiales con las emociones y te burlabas entre dientes, parodiando el mundo con humor, saltando entre la música, frenético, elástico como un mimo, vertiginoso y, sin embargo, controlado, tu voz sedosa de tenor en medio de la percusión afrocubana, "¿Y tú cómo estás? Encantado de la vida", el mambo volviéndolas locas con la Banda Gigante, tus sílabas saltan, explotan y retumban suavemente en las notas que le siguen, Bárbaro del Ritmo, Benny, guaracheando con el bobo de la yuca, te vas p'al pueblo porque hoy es tu día, los cobres de Dámaso estableciendo un diálogo con tus timbres inauditos, salta Benny, brinca, gira como un trompo, yoruba y congo cortando caña en el central, "No, Pérez Prado, que me provocas", te vas echando un pie por el campo, *moré-no* único, cántame a la vida, baila en el guateque, Benny, gira, gira, gira con la guajira en el tambor, tu voz se lanza ebria repiqueteando sobre los cueros, qué bárbara, Benny, vamos al vacilón, Benny, sigue para siempre con tu nota, Sonero Mayor.

Curriculum vitae

Chi l'avrebbe detto, invitato a pranzo scherzavo,
impedimento accecante, mordevo il cappello, non dicevo
niente: ho il naso finto, si spengono le luci, finché
scoprono che distruggevo rispettosamente un mondo;
ragazzi! invece era davvero lo spolpamento del sangue.
—Alfredo Giuliani, "Chi l'avrebbe detto"

Con las interdicciones de la edad avanzada, de los rumores perseverantes que incitaban las revueltas familiares, de las luchas pasajeras que ofrecían un cuerpo delicioso pero astuto que se negaba al juego de inmaculadas declinaciones, finalmente tu cabeza surgió del útero cansado, descendiendo las curvas amnióticas y los torrentes inesperados de un vacío sin persianas.

Sabiéndote azul sin pormenores te empujaron a los asiduos y turbulentos embates de un ritmo insospechado aunque certero. Las lágrimas nunca encontraron los caminos múrices del sonrojo ni la misteriosa entrega de un suspiro; sólo la hiel de la vida hirviente que penetraba tus pulmones supo darte idea de un desordenado futuro.

Y al desasosiego de los primeros pasos en la incólume pendiente de los túbulos ofreciste la hirsuta llama del grito primitivo que te impelía, emancipado y monumental, insistentemente lúdico, a la malacrianza ignominiosa mas eficaz, a los fraudes en donde la emoción era una tórtola que surgía de la seda hermosa de la túnica.

El ritmo sincopado de una vida bordeada en todos sus entornos por un amor inagotable vulneró tu sabrosa miel de antojos siempre asequibles, tus sonrisas de basalto que hacían claudicar cualquier desavenencia. ¿Quién lo hubiera dicho? Cuatro decenios después aún sigues pensando que tu vida es un laberinto amable en donde acechan las más agradables sorpresas.

Claudicaciones

The awful daring of a moment's surrender
which an age of prudence can never retract.
—T.S. Eliot

Tu recuerdo reposaba velado en los recovecos del olvido postergado, en la savia de los años aletargados, en la desidia de los suspiros inconscientes y en uno que otro poema extraviado o relegado al polvo comprensivo de una gaveta olvidada o a un libro perdido o agotado. Acaso era difícil recordar un sentimiento.

Sólo el *pentimento* de Velázquez, observado al desgaire, enfocó un desgano que insistía en adaptar la complacencia. El arcabuz y la pierna de Felipe IV proyectaban un halo arrepentido, un espectro que vaticinaba mejores augurios. Tu adolescencia se abrió paso a trompicones, estabas de nuevo allí, como si nada hubiera sucedido, como si el tiempo fuera una imagen congelada pero viva ofreciéndonos una segunda oportunidad en la imprudencia.

Era el olor de los cuerpos jóvenes que se impregnaba en las sábanas, que revoloteaba tozudamente por las cuatro paredes de caoba de mi cuarto. En la saliva de un primer beso, descubierto luego de una lucha sin cuartel de nuestros cuerpos desnudos, supiste definir en la inconstancia de los latidos algo inmancable en las noches lluviosas que ambos deseábamos fuera duradero, tal vez eterno, en la inexperiencia de un amor que se nominaba a sí mismo ante las trifulcas agrias de los limoneros.

Siempre quise reconstruir tu rostro: se percibía algunas veces un temblor exquisito en tus lóbulos; tus ojos miraban desganados a la vida, como atravesando expansiones acuáticas en donde ambos podíamos vernos desde adentro; quizá tus labios modulaban sones inconexos pero que me sumían en un estupor al que tu aliento le aportaba malvas exóticas.

Mi lengua recorrió tus sudores hasta bordear de besos tus vellos incipientes y entregarte en mi saliva la epifanía de los pálpitos, la extraña sensación de una luz iridiscente perforando indómita mis retinas ya violadas, mi cuerpo exangüe.

Al mordisquearnos irredentos con una pasión que desbordaba las rutas acuáticas del fervor sangriento, supimos brincar en el aire atosigante de la tarde, restregándonos en las luces titilantes de nuestros cuerpos jóvenes, espejeando como delfines en la eterna entrega de un diluvio.

La tierra prometida

בראשית לב
כג–ל

וַיָּקָם בַּלַּיְלָה הוּא וַיִּקַּח
אֶת־שְׁתֵּי נָשָׁיו וְאֶת־שְׁתֵּי שִׁפְחֹתָיו וְאֶת־אַחַד עָשָׂר
יְלָדָיו וַיַּעֲבֹר אֵת מַעֲבַר יַבֹּק: וַיִּקָּחֵם וַיַּעֲבִרֵם אֶת־
הַנָּחַל וַיַּעֲבֵר אֶת־אֲשֶׁר־לוֹ: וַיִּוָּתֵר יַעֲקֹב לְבַדּוֹ וַיֵּאָבֵק
אִישׁ עִמּוֹ עַד עֲלוֹת הַשָּׁחַר: וַיַּרְא כִּי לֹא יָכֹל לוֹ
וַיִּגַּע בְּכַף־יְרֵכוֹ וַתֵּקַע כַּף־יֶרֶךְ יַעֲקֹב בְּהֵאָבְקוֹ עִמּוֹ:
וַיֹּאמֶר שַׁלְּחֵנִי כִּי עָלָה הַשָּׁחַר וַיֹּאמֶר לֹא אֲשַׁלֵּחֲךָ
כִּי אִם־בֵּרַכְתָּנִי: וַיֹּאמֶר אֵלָיו מַה־שְּׁמֶךָ וַיֹּאמֶר יַעֲקֹב:
וַיֹּאמֶר לֹא יַעֲקֹב יֵאָמֵר עוֹד שִׁמְךָ כִּי אִם־יִשְׂרָאֵל
כִּי־שָׂרִיתָ עִם־אֱלֹהִים וְעִם־אֲנָשִׁים וַתּוּכָל: וַיִּשְׁאַל
יַעֲקֹב וַיֹּאמֶר הַגִּידָה־נָּא שְׁמֶךָ וַיֹּאמֶר לָמָּה זֶּה תִּשְׁאַל

Genesis 32
23–30

That same night he arose, and taking his two wives, his two maidservants, and his eleven children, he crossed the ford of the Jabbok. After taking them across the stream, he sent across all his possessions. Jacob was left alone. And a man wrestled with him until the break of dawn. When he saw that he had not prevailed against him, he wrenched Jacob's hip at its socket, so that the socket of his hip was strained as he wrestled with him. Then he said, "Let me go, for dawn is breaking." But he answered, "I will not let you go, unless you bless me." Said the other, "What is your name?" He replied, "Jacob." Said he, "Your name shall no longer be Jacob, but Israel, for you have striven with beings divine and human, and have prevailed."

Después de todo pensando que tú eras en verdad el predilecto, te dedicaste a disfrutar de todas las delicias que te ofrecía tu vida muelle de hijo favorito. No esperabas el sosquín que te impuso la fortuna: de nuevo encinta cuando la vida la empujaba a una madurez obligatoria, ella volvió a dar a luz en medio de las brisas de diciembre.

Ultrajado, te acercaste temeroso y furibundo hasta ese falsario usurpador de tus derechos. No podías comprender cómo el dios de tus padres te daba de lapazos con semejante afrenta: ese ser cuasi deforme que ni siquiera lloraba en su mutismo inmóvil. ¿Quién era ese farsante? ¿De dónde había venido?

Al notar su transformación silente en guiñapo azulado concebiste la esperanza de su muerte instantánea. ¿Sería éste un signo de los dioses? La helada blanca que bajó misericordiosamente sobre el cuerpo nuevo trajo un golpe a sus pulmones infundiéndole la vida en el punto álgido. Su grito altivo repercutiría para siempre en tu vida y en tus tímpanos, y la rivalidad filial abrió sus puertas.

El padre envejecido le acogió en su seno como el fruto culminante de una vida plena; la madre le aceptó sin cambiar por ello sus predilecciones prístinas. De allí en adelante, con el peso de la envidia, sus vidas boicotearon los afectos y les separó por distintos rumbos.

Había pasado mucho tiempo. La competencia por vencer al otro les había conducido a insospechados extremos. Ahora se encontraban frente a un extraño: les deslumbró su belleza y el aguamarina de sus ojos les hechizó, dejándoles suspensos.

En la arenilla obriza de la playa lucharon desnudos, cuerpo a cuerpo. Como recompensa insólita, el forastero copuló con ambos, y en la cólera contenida de los años, el amor de los hermanos se volcó de bruces ante un desconocido que les dividió aún más entonces.

La herida se restaña con la sangre adormecida aunque presente. Sólo cuando el menor hubo de recorrer mundos ajenos, probar frutos extraños y atender la sabia solicitud de las aguas purificadoras, tan sólo entonces habría él de regresar a la baldía barranca al despuntar de un alba, portando un nuevo nombre y renco, para sellar la unión con los besos de un postergado pacto.

Ego sum qui sum

> However, if we do discover a complete theory [quantum theory of gravity], it should in time be understandable in broad principle by everyone, not just a few scientists. Then we shall all, philosophers, scientists, and just ordinary people, be able to take part in the discussion of the question of why it is that we and the universe exist. If we find the answer to that, it would be the ultimate triumph of human reason — for then we would know the mind of God.
> —*Stephen W. Hawking*, A Brief History of Time

De legalidad un día sentado en una butaca del Planetario a lo mejor te preguntas si la tortícolis que ahora te tortura no es más importante que los-grandes-interrogantes. A lo mejor quién sabe, quién evita un vidrio.

Alfa Centauro, la posibilidad de una cultura extraterrestre, los mensajes transmitidos en las ondas hertzianas a miles años-luz de distancia, todo te abruma el coco y te lo dices para tu coleto, vaya qué osadía aún creer que mi religión sea la verdadera, hoy en día, mire usted, la iglesia, la sinagoga y la mezquita, hace tiempo que no nos tira una visita, vaya, vaya hombre, vaya, el mundo y su creación después de tantos cipotazos y agujeros negros, acaso llegaremos algún día a instalarnos en la mentalidad cosmogónica y verlo todo en panorámica y con sonido Dolby, viajar en rayos láser en reversa y percibir la "historia" sin tocarla, mejor dicho *sucediendo* (no la "historia" de los vencedores), digo, dígole, es posible que enanitos, o seres marginales, hombrecitos verdes y todo el cachivache amontonado en los paquitos de la ficción científica no sean más que pamplinas, vaya usted a saber, a lo mejor el mundo lo inventaron los teúrgos, en todo caso Nietzsche, y si entendemos que la guerra genocida se identifica con el tiempo, y que estamos íngrimos-y-solos-en-esta-soledad-tan-sola, qué fenómeno, y que el infierno con que tantas veces te asustaron no es más que un embrollo de caninos, sólo entonces.

A lo mejor un día llegaremos a saber cómo es que funciona la mente de ese *Man*.

Ordalías

ὁ μὲν γὰρ κάλος ὅσσον ἴδην πέλεται (κάλος)
ὁ δὲ κἄγαθος αὔτικα (κὔστερον) ἔσσεται

*Sólo mientras lo miran tiene belleza el que es bello.
Ahora y siempre dignidad, el que es digno.*

—Safo, Libro II, *48*

    Tenías un nombre de patriota que sonaba algo ridículo al conjugarlo con tu cuerpo atlético cuyos músculos parecían estar siempre tensos. Era preciso conocerte: tus pupilas estaban dilatadas por la belladona — parecías a punto de estallar en una crisis de nervios — y las palabras salían a borbotones de tus labios. No fue fácil convencerte.
    De cualquier modo, luego de un retorno fugitivo por el viejo camino de los abedules, en donde los rojos y los verdes ocres establecían un diálogo de fuego, me complacía sólo en observarte desde una distancia prudente: me sonreías tímidamente y tus dientes a veces se posaban momentáneamente sobre tus labios fulgurantes y carnosos.
    Aparté mi mirada un segundo: una brisa turbia y fría bajó precipitadamente por la cuesta y me sentí nuevamente libre. Una luz brilló en el horizonte.
    ¿Cómo dejar de mirarte si por fin podía poseerte? El hogar caldeaba agradablemente la cabaña y te quitaste la ropa con desgano, tirándola por el suelo mientras caminabas descalzo sobre la alfombra persa. Insististe en hacer el amor frente al fuego y una gota de sudor se desplazó silenciosa sobre tus pectorales: relumbró un instante sobre tu tetilla en donde mis labios bebieron de tu fuente.

Me incorporé y miré al fuego del hogar por un instante y en sus llamas temblorosas se repitieron los temblores de tu cuerpo. La presión de tus muslos porfiaba en un descubrimiento; dejabas de existir en la plúmbea curvatura de las llamas pero cómo negarme aquel placer inesperado. Nuestros labios se unieron en un segundo eterno en donde tu saliva me confesó tus más obscuros secretos.

¿Cómo sobrevivir sin tu belleza? Después de todo, existe dignidad en los recuerdos.

El forastero

> *Wie, wenn ein Mensch sich nicht erinnern könnte, ob er immer 5 Finger, oder 2 Hände gehabt hat? Würden wir ihn verstehen? Könnten wir sicher sein, daß wir ihn verstehen?*
> —Ludwig Wittgenstein, Über Gewissheitt, *157*

¿Conoces al otro? No tiene dos manos ni diez dedos pero vive con nosotros. ¿Te es tan difícil conocerle, tal vez amarle? Sus murmullos te perturban y no puedes comprenderle. Habla de mares y laderas pero no puedes imaginarlos; tus ojos se cierran tercamente. Sin embargo, su lenguaje es el tuyo y su olor te recuerda al de tu infancia: las acacias florecidas en un verano sin retorno. ¡Mírale! Es él, habitando entre nosotros. No le cierres tu tinglado; él comprende sin palabras sin recordar su diferencia. Esa mirada de soslayo sólo tergiversa el texto. ¡Ámale! Solamente tus latidos te permitirán comprenderle.

Dulces estrellas de la Osa

> *Vaghe stelle dell'Orsa, io non credea*
> *tornare ancor per uso a comtemplarvi*
> *sul paterno giardino scintillanti,*
> *e ragionar con voi dalle finestre*
> *di questo albergo ove abitai fanciullo,*
> *e delle gioie mie vidi la fine.*
>
> —G. Leopardi, Canti, *XXII*, *"Le ricordanze"*, 1-6

La madre murió y nunca pude regresar. El sol obnubila la conciencia de un lagarto adormecido y tuve que volver buscando el rostro, la figura magra de una madre evanescente; ¿qué hacer con el solar, con la pileta congelada en el ensueño?

El jilguero insiste en despertarme y el firmamento prosigue sus prusios devaneos: mas no es lo mismo. Tú has partido hacia la nada dejándome inconcluso. Nací para morir en tu regazo. Y no se pudo.

A tu jardín me harán siempre volver las dulces estrellas de la Osa.

Camafeo

A breeze like the turning of a page
Brings back your face: the moment
Takes such a big bite out of the haze
Of pleasant intuition it comes after.

—J. Ashbery, Self-Portrait in a Convex Mirror

Esa noche había reunión para concertar la comparsa del carnaval. Las brisas de febrero movían con euforia los matarratones del parque y cuando menos lo esperaba descubro tu sonrisa perfecta enmarcada por la piel trigueña de tus ancestros árabes, mirándome con curiosidad en medio de la algarabía de nuestros compañeros, abriendo posibilidades en un sendero sin retorno: tus muslos cincelados con la exquisitez de Fidias, parecías escapado de un sueño de verano en las mil y una noches de una Sherezada impávida ante el suplicio inminente.

Las rumbas interminables cruzaron nuestros rumbos que se negaban a una soledad compartida, a un momento para revelar el entorno fugitivo de tu cuerpo. Venías de una relación de años que te había iniciado en tu prístina pubertad con los embelecos de un amor que no sabía definirse. Yo venía de los escombros de otra que me había marcado para siempre. ¿Estábamos condenados al fracaso? Pronto debería partir y tú proseguirías con tu sabrosa savia a otras tierras, alejándonos aún más por los meandros de Leteo. ¿Qué podía ofrecerte? Sólo el placer de unas noches destinadas a la euforia. Mas no hubo de suceder: un beso remordiente me queda en el recuerdo. Y tu cuerpo esbelto y bien formado huyó en la noche grasa del estertor cumbiambero. Tu rostro surge ahora con la brisa.

Belial, tu íntimo enemigo

> *Amável o senhor me ouviu, minha idéia confirmou: que o Diabo não existe. Pois não? O senhor é um homem soberano, circunspecto. Amigos somos. Nonada. O diabo não há! É o que eu digo, se for... Existe é homem humano. Travessia.*
> —João Guimarães Rosa, Grande sertão: veredas

> *Tu le connais, lecteur, ce monstre délicat,*
> *— Hypocrite lecteur, — mon semblable, — mon frère!*
> —Charles Baudelaire, « Au Lecteur »

En los orígenes fui su aliado: mi labor de adversario en su corte era rebatirlo para probar su sabiduría infinita. Luego decidió que pusiera a prueba la fidelidad de los humanos. ¿Por qué "nocivo", entonces, decidieron llamarme luego? Fue con su consentimiento porque sabía que yo era su reflejo. Zacarías y Job supieron apreciarme mas no sus descendientes. Los esenios comenzaron la tragedia: necesitaban recrearme para justificar su luz. Y entre judíos y cristianos se completó el lado obscuro de mi vida convirtiéndome en el íntimo enemigo de la humanidad. ¡Qué injusticia! Yo, que sólo les enseñé el arte de la duda. Dicen que soy yo el que manipulo los hilos de las marionetas. Hipócritas lectores, qué pocas luces tienen para entender mis textos. Soy igual que ellos, sus pesadillas hechas carne al otro lado del espejo. Despierten ya, hermanos. El adversario está en sus vientres incubando el pandemónium.

Poética

> *En cualquier sitio y época en que hayas vivido o en que sufras la Historia, siempre estará acechándote un poema peligroso.*
> —Heberto Padilla

> *Escribe lo que quieras.*
> *Di lo que se te antoje.*
> *De todas formas*
> *vas a ser condenado.*
> —José Emilio Pacheco, "Arte poética II"

Un día, por cierto, fueron saliendo las lecturas disparatadas de los libros y te fuiste encontrando retazos pigres de historias ajenas que de una extraña manera se iban identificando con la tuya.

Siempre había el problema de sobreponer tu voz a tantas voces foráneas cuyos ritmos creaban una sinfonía poliglota y sabia. El ritmo de una esquela fue surgiendo irreverente en los deicidios de relatos antiguos en donde tú usurpabas las voces narrativas buscando una armonía similar correspondiente a tus humores opalinos.

Era preciso asegurarse de conservar la cordura luego de haberse sumergido en pasiones, lujurias y traiciones que sólo convivían transformadas en un recodo indeterminado de tu memoria.

Una respuesta continuada y terca, una recreación visual y olfativa, cuasi sinestésica, un trasegar por mitos, leyendas, vidas y cuentos, un balbuceo rítmico de lenguas antiguas y modernas fueron metamorfoseándote en un ser distinto de ellos y de ti mismo, hasta renacer de las cenizas verbales pronunciadas por los labios incandescentes de la sibila en donde tus vidas son las vidas del ensueño.

Doble corona
(1991)

Doble corona fue publicada en la revista de poesía *Mairena*, Año XVI, Número 37, 1994, Río Piedras, Puerto Rico, en su sección especial "Poetas invitados".

XII, XIII y XIV fueron incluidos en la antología *Poesída* editada por Carlos A. Rodríguez Matos (Nueva York: Ollantay Press, 1995).

A Joaquín Méndez Gaztambide

Y a la memoria de Helenita Certain de Abello, Roberto Abello Certain, Emilio Álvarez Correa, Luis Carlos Andrade, Álvaro Angulo, Carlos Angulo, Guillermo Ardila, Fernando Arrea, Reinaldo Arenas, Regina Arrieta, Rodolfo Aristeiguieta, Iván Ariza, Carlos Arocha, Héctor Arzuza, Álvaro Ayazo, Rafael Barros, Antonio Caballero Villa, Andrés Caicedo, Rosa Emma Cerra, Carlos Certain Sánchez, Helena Sánchez de Certain, Toño Corrales, Luis Consuegra, Margarita Quintero de Cucalón, Ricardo Daccarett, Esther Simmonds de Damiani, Andrea De Ávila, Jaime De Castro, Ruth de De Castro, Eduardo De Heredia, Amira De la Rosa, Beatriz Falquez de De la Espriella, Momo Del Villar, Ricardo Deven Pardo, Ricardo Deven, Jr., Gilma Lemus de Díaz Granados, Luis Díaz, Moisés Echeverría, Cayo Egea, Alicia (Mona) Falquez Grau, Federico Falquez Cazola, Isabel Grau de Falquez, Lola Falquez, Manuel Guillermo Falquez Grau, Mercedes Certain de Falquez, Raquel De Castro de Falquez, Roberto Falquez Grau, Camilo Fortich, Edgar Franco, Chingolo García, Mario García-Ferro, Edgardo Glenn, Fonchi Gómez, Raúl Gómez Jattin, Álvaro Herazo, Gustavo Heredia, Ana Cecilia Falquez de Higgs, Ernesto Insignares, Gonzalo Insignares, Alberto Lascano, Edith Lemus Falquez, Elvira Falquez de Lemus, Miguel Ángel Lemus, Carlos Mario Lopera, Rosita Marrero, Carlos J. María, Winnie Marrugo, Hugo Martínez, Vicente Martínez, Joaquín Méndez, Sr., Inés Mendoza, Ludwig Meyer, Gonzalo Miramón, Juan Monge, Jaime Moreno, Marvel Moreno, Edda Abello de Navarra, Víctor Nieto, Jr., Alejandro Obregón, Bernardo Orrego, Cuco Palacios, Rafael Panizza, Cristóbal Peñaloza, Roberto Prieto Sánchez, Manuel Puig, Alberto Pumarejo, Eva Certain de Pumarejo, Luis Fernando Quintero, Manuel Quintero, Margarita Certain de Quintero, Pepe Quintero, Lola Ramos, Julio Roca Baena, Ronnie Rodrick, Manuel Rodríguez Alemán, Víctor Romero, Álvaro Rosanía, Rafael Rosanía, Luis Rosenzweig, Junior Salgado, Amalia Bula de Simmonds, Aníbal Simmonds, Julio Simmonds, Titti Soto, Manuel Valero, Tiberio Vanegas, Germán Vargas, Hugo Vega, Fernando Velázquez, Julio Vergara, María Helena Certain de Vergara, Alberto Vides, James Young y Jaime Zapata.

*las horas que limando están los días
los días que royendo están los años.*
—Luis de Góngora, "Soneto LIV (moral)"

I

En medio de prodigios y portentos
el llanto de un niño nos guiará;
fuego y podredumbre ahora nos rodean,
los rostros carcomidos, la violencia
en los rincones. Finalmente ha
llegado el día: en el Iguazú su voz
retumba, y buscaremos la paz mas
no la encontraremos. Con inmundicias

los rostros anunciarán el día.
Nos han robado ya la calma y en la
furia y los celos, la ira y la
cólera, sólo el desierto brindará
el refugio apetecido por la fiera:
alfa y omega, el principio y el fin.

II

Alfa y omega, el principio y el fin
serpentean por mi cuerpo todas las
delicias de tu savia abundante,
señalando el sendero agreste de

tus rutas innombrables, sudorosas
abesanas del color del trigo,
murmullos sincopados de la miel
bendita cayendo a borbotones,

inundando la tierra árida, reseca,
ávida de goces múltiples, espejeando
la epidermis de nuestras convulsiones

y saboreando en gélidas pasiones
el ingente rumor de una entrega —
entre tus brazos, adormecido, impávido.

III

Entre tus brazos, adormecido, impávido,
recuerdo los fulgores de un pasado,
la caricia sutil de una mirada torpe
abriendo las compuertas de la gracia.

La carne magullada en el retorno de
un efluvio mágico, remordidos los
labios con el azote impune del deseo,
las voces unánimes de las cataratas

nos brindaban su abracadabra en la
caverna intocada por el gesto humano:
los bálanos tensos y los odres incólumes,
repletos, dilatamos con lujuria la

barroca caricia, las lenguas audaces,
explorándonos con sabiduría y coraje.

IV

Explorándonos con sabiduría y coraje
irrumpe la luz opalina de sus humores
inconfesos, burilando en el desenfreno
de amaranto tus besos remordientes
de ansiedades irredentas, de silencios
complacientes. Ahora callas en tu
entrega humectante que arrasa con
el vendaval iridiscente del mediodía,
la sonrisa impávida, el movimiento
torpe del juncal doblado en el olvido.
La mirada divaga por la arenilla blanca
de Fire Island y un gesto de fastidio
se dibuja en tu rostro fatigado,
bronceado por los agonizantes rayos.

V

Bronceado por los agonizantes rayos,
el velero se desliza silenciosamente
en medio de un sonrojo en el horizonte:
la mano inquieta se siente sorprendida
en su audacia y el musgo aclimatado en
la organza de los arreboles prefigura
el inaplazable rito discordante. No
es preciso cincelar para el recuerdo

las palabras necias, los actos de
violencia — acaso habríamos de olvidar.
Sin embargo, los cocteles insidiosos
nos hacen desmentir la plúmbea tarde
que nos sume en el diluvio de Culebra
tratando de descifrar la sabia oferta.

VI

Tratando de descifrar la sabia oferta
nuestros cuerpos sudorosos espejean
por los recovecos de Provincetown
desmintiendo los albures del encuentro,

del patético aunque inusitado desenlace:
el perfume de gardenias serpentea por
las dunas y en la extrema punta un
bajel naufraga con fervores soñolientos.

Desenmarañándonos de los efluvios
noctívagos, resurgimos alborozados
de la cascada aguamarina que señala

nuestra ausencia primigenia, la
profunda y húmeda huella de Leteo
purificándonos del deseo salobre.

VII

Purificándonos del deseo salobre
el alba de San Juan nos endulza de
arreboles, alucinados conduciéndonos
por veredas y senderos, montañas y

refugios, pueblos y ciudades, hasta
desembocar en Aguadilla — el rumor
desvertebrado de un jilguero
matutino dialoga enardecido con

el mar sereno — aristas plateresças
desafiando los túmulos y cirros,
machihembrándose con el océano cálido.
En el mutismo de la tarde, nuestras

miradas se pierden en sí mismas,
en medio de prodigios y portentos.

VIII

En medio de prodigios y portentos
el sol calcina este verano las calles
de Nueva York. Ocho años nos atormentan
en el aguijón del escorpión y se reiteran
vanas promesas y rupturas inaplazables.
En Cartagena de Indias busqué la fruta
incandescente del anón y en Barranquilla
apetecí las olas del delta adormecido,
para volver a ti, ávido de goces,
insaciable en mi ausencia repentina,
vital y prístino en mi regreso túrgido
a la fuente originaria, a los labios
y a las dádivas de un amor maduro,
al temblor de un aliento en la espesura.

IX

Al temblor de un aliento en la espesura
sólo encontré zonas desérticas que
nos alejaban más de los oasis pretendidos
y en medio del odio hubimos de recordar
la compasión. En los callejones obscuros
resonaba el tintineo de una gota tenaz
y siete sellos no habrían de detenernos:
el deseo se había aletargado, muerto.

Manhattan desaparecía en la calima
asfixiante de la tarde y añorábamos
climas tropicales, playas abrasantes
y vientos alisios. No supimos descifrar
el granizo contundente que obnubilaba
el aro incandescente de un sol agonizante.

X

El aro incandescente de un sol agonizante
se tiñó de negro. "Es preciso separarnos,
tomar distintos rumbos." Había que
acostumbrarnos a la idea, a vivir en

la ausencia, a aceptar el camino trunco.
Tu rostro se llenó de gotas de sudor
y en el camino habíamos dejado rezagados
anécdotas, vidas, amigos desaparecidos.

¿Qué nos quedaba ahora? Sabíamos reñirnos
como profesionales acuñando insultos
con retruécanos insulsos aunque magistrales.

Acaso partiríamos mañana y las rosas
del jardín proseguirían su ciclo de
vida y muerte: un nuevo despertar.

XI

"Vida y muerte: un nuevo despertar",
repetiste con sorna, añadiendo: "Para
ti todo es literatura". El chasquido
de los hielos separándose en el vaso

impidió un estallido. No hay que
insistir en las presencias ni en las
ausencias, todo es baladí al fin de
cuentas. ¿A quién habría de importarle?

"¿Qué nos quedaba ahora?", insististe.
Ocho años alejados de la promiscuidad,
amándonos sin compartirnos, forjando
las palabras silentes, necesariamente

presentidas. Siempre fue un bálsamo regresar
a tus brazos desde la noche obscura.

XII

A tus brazos desde la noche obscura
regreso impenitente. Te busqué por las
calles de París, en las playas del Condado,
en los zaguanes de Cartagena de Indias,
en los recovecos adoquinados de San Juan
sin encontrar tu olor a madrugada, tu risa
maestosa y salutífera, la maestranza
de tu humor equinoccial e insólito.
De ahora en adelante no conoceremos
los caminos. En las playas de Añasco
el mar jugará con tus caricias. El
tiempo alimentará el olvido en los
rituales de nuestras vidas compartidas.
Nuestra pasión se convertirá en literatura.

XIII

Nuestra pasión se convertirá en literatura.
Y haber sobrevivido en el ocaso de otras
vidas es nuestra fruta de socorro, la
miel y el trigo de los campos fértiles.
En Bogotá y Nueva York, en San Juan
y Barcelona, en París y Río, en San Francisco
y Los Ángeles, en Barranquilla y en Madrid
y en Cartagena han fallecido los amigos.

Elmhurst, St. Clare's, Veterans', Bellevue,
corredores de hospitales y olor a éter,
juntos hemos visto el pabilo que se agosta
día tras día. ¿Adónde conducirán las
nuevas rutas? ¿Cuál será nuestro destino?
Una década de amor nos sustentará en la tierra.

XIV

Una década de amor nos sustentará en la tierra
y de la mano de un niño encontraremos el camino.
Sobre la silueta nocturna de Manhattan una
sinfonía de colores modula en este 4 de julio.

La luna parece un torbellino ensangrentado
y un dirigible fantasmal surca silencioso
los meandros de rascacielos y artificios.
La gran aureola y el torbellino aparatoso

no parecen un final sino un principio.
Las calles paulatinamente derraman su
estropicio chauvinista. El East River

parece una pista de hielo en su estatismo.
Al alba, a casa regresamos silenciosos
en medio de prodigios y portentos.

Habitación en la palabra
(1983-1990)

Publicaciones previas: "Tánatos", "Hermes", "Habitación en la palabra", "Simulacros" y "Presagios" en *Huellas*, revista de la Universidad del Norte, No. 16, Barranquilla, Colombia, abril de 1986; "La sonrisa de Pericles" y "Muerde el anón" en la revista dominical de *El heraldo*, Barranquilla, 14 de diciembre de 1986; "Janis" en *Linden Lane Magazine*, Vol. 6, Nos. 2 y 3, abril / septiembre de 1987, Princeton, Nueva Jersey, EE.UU., y en *Huellas*, No. 30, diciembre de 1990; "Píndaro en el espejo" en *Mariel*, año 1, volumen 4, Miami, La Florida, EE.UU., en 1988; "Cananeos" y "Ganimedes" en *Linden Lane Magazine*, "Antología de poetas colombianos", abril / junio de 1989; *"Le Musée Carnavalet"* en la revista dominical de *El heraldo*, Barranquilla, el 16 de septiembre de 1990; *"Five Stone Wind"* en *La nuez*, año 2, Nos. 5 y 6, Nueva York, otoño de 1990; "Judit de Betulia" fue publicado simultáneamente en *Prometeo*, No. 19, Medellín, Colombia, en "Antología de escritores iberoamericanos en Nueva York", y en *Huellas*, Barranquilla, en diciembre de 1990; *"Scherzo molto pazzo", "*Festival de Purim", "Jacinto", *"Terra incognita" y "*Fuegos fatuos" en *Nuevas voces en la literatura latinoamericana* (Nueva York: Ollantay Press, 1993).

"Tánatos", "Hermes" y "Habitación en la palabra" obtuvieron menciones honoríficas en el Premio de Poesía *Linden Lane Magazine* de 1987; *"Five Stone Wind"* y *"Le Musée Carnavalet"* resultaron finalistas, respectivamente, en el IV (1989) y V (1990) certamen anual de poesía de la revista literaria *Lyra*, Guttenberg, Nueva Jersey, EE.UU.; "Píndaro en el espejo", en su versión inglesa, obtuvo una mención honorífica en el concurso de poesía organizado por *The Fresh Meadows Poets* en 1992.

Editorial Marsolaire publicó *Habitación en la palabra* en 1994.

A mis padres, in memoriam

La poesia non si fa né con i buoni né con i cattivi sentimenti, e neppure con le buone o le cattive ideologie. [...] La nuova poesia ha a che fare con la vita e con la morte di oggi, cioè con la vita e la morte che sentiamo, finché sentiamo, nella persistente certezza di noi stessi. C'è tra il senso del vivere e la vita effetualmente visuta un vuoto, una lacuna, che la poesia vuole colmare o almeno significare.
—Immagine e maniere, *Alfredo Giuliani*

Only when what is can be changed, what is, is not everything.
—Negative Dialektik, *Theodor W. Adorno*

Le poète est hors du langage, il voit les mots à l'envers, comme s'il n'appartenait pas à la condition humaine et que, venant vers les hommes, il rencontrât d'abord la parole comme une barrière. Au lieu de connaître d'abord les choses pour leur nom, il semble qu'il ait d'abord un contact silencieux avec elles puis que, se retournant vers cette autre espèce de choses que son pour lui les mots, les touchant, les tâtant, les palpant, il découvre en eux une petite luminosité propre et des affinités particulières avec la terre, le ciel et l'eau et toutes les choses créées.
—Qu'est-ce que la littérature? *Jean-Paul Sartre*

What we cannot talk about we must pass over in silence. [...] The world is all that is the case. [...] A proposition can be true or false only in virtue of being a picture of reality. [...] Propositions represent the existence and non-existence of states of affairs. [...] Tautologies and contradictions are not pictures of reality. They do not represent any possible situations. [...] A tautology leaves open to reality the whole — the infinite whole — of logical space: a contradiction fills the whole of logical space leaving no point of it for reality. Thus neither of them can determine reality in any way. [...] For it is impossible to alter what is essential to a symbol without altering its sense.
—Tractatus Logico-Philosophicus, *L. Wittgenstein*

Habitación en la palabra

Digo topacio
y las plumas se me escapan
de los labios en la elipse
de la piedra.
Níspero en el aire,
punzante y acre,
en la pelusa de tu cuerpo.
Obsidiana congelada en tu corteza,
murmullos de mi aliento te despiertan,
en mi saliva te sorprendo;
no obstante el abandono de la ingle,
las sombras translúcidas y en el arco,
el gemido postergado; sin embargo,
el grito mudo; la palabra,
objeto del mundo,
pupila confundida sobre el iris
en los espasmos fugitivos
de tu cuerpo. El arco se recoge,
salta, flecha seminal en el vacío,
con la lengua aglifa
astucia de pezones que se alzan,
catapulta disuelta en la humedad
lluviosa, sudor plasmado en el desorden
de las sábanas, pero tu cuerpo
que fue cima, inánime ahora,
sima telúrica tan sólo, arco roto,
abandono en el calor
al otro lado del bosque —
de la vida.

Presagios

Abre paso a la palabra, habita en ella,
tócala, siéntela, respírala, dile no
al silencio, al otro lado de la vida,
invéntala, hazla carne, un nuevo objeto
en el mundo, olvida el significado estricto,
la palabra viene hacia ti, no la rehuyas,
te la envían los hombres, muérdela, saboréala,
hazla tuya, tú eres el innombrable, el que la crea,
el inquilino color de la quinina,
no puedes callarte, no debes fatigarte, no,
abrázala, seis días para terminar tu obra,
descansarás luego, pero dile no al silencio,
titilante tuétano del samovar sangriento,
juega, no dejes de tocarla, vive en ella,
no te detengas, las pausas son un presagio
de la muerte, el rencor punzante del Tíbet
obscurece al diamante en la cañada,
no digas que no puedes, serás todopoderoso
mientras hables: bien sabes que Él ha muerto,
continúa, cada día el silencio abraza
a muchos como Él con sus tenazas.

Judit de Betulia

A Nora Astorga, in memoriam

Aunque todo es relativo
no todos perciben las mismas cosas
mas sí las mismas leyes.

La torcaza otorga la fortaleza
necesaria cuando el universo
cambia irreversiblemente.

Es cierto que algunos
me remontan a los tiempos
de Sisera y en su sien

la clavija inesperada.
Lo cierto es que en Betulia
se agota la paciencia

luego de un sitio que parece
interminable. De allí que
la temperatura aumente

cuanto más retrocedamos en el tiempo.
Otros aún insisten que es apócrifa
mi historia, que es una fábula

canonizada por los Macabeos.
El texto no se encubre pese
al anacronismo premeditado

que tampoco se ha ocultado. Después
del cautiverio, Nínive ofrecía
un angora libre de la soga;

el rey quiso ser Dios nefastamente
y nuestro templo una vez más
fue derribado. El aro de la soga

azora como un chinche
en la pupila. Rasgué mis
vestiduras negras y a Holofernes

invité a mi tienda. El rojo
satín atrajo su lujuria. Sata,
le ofrecí una y otra copa

hasta agotarlas. La rosa
de mi honra aspira,
mas el brillo de su espada

en su estupor me aumenta
el coraje como una babilla
herida. De un tajo la corté,

y con el cayó Arfaxad
y Nabucodonosor — los generales.
Un helicóptero logró escaparse

desde la azotea, pero sus días
estaban ya contados. Aunque todo
es relativo no todos perciben

las mismas cosas mas sí
las mismas leyes. La espada,
la clavija, el fusil inesperado.

Y a mis pies se desplomó,
se derribó, cayó tendido;
a mis pies se desplomó,

se derribó; y allí donde cayó,
quedó muerto el general,
quedó muerto sin sentido.

Tánatos

Alud de turbaciones, tus visitaciones nocturnas
burilan el sofoco en la carne de lo incierto.
Prosigo con mi oficio alucinado, óbice de estirpes,
irrealizable tarea en la desmesura alimentada,
inconclusa maniobra, verbo oxidado, gesto trunco,
en la cuna aprendemos a temerte,
tú eres la certidumbre única,
terror irreversible, el mórbido placer
de lo finito. El artífice cincela el texto —
franca conflagración, inusitado desafío —
tu saber se nutre en la paciencia de los ciclos,
autosuficiencia lúdica que pospone tu llegada,
no obstante tu presencia se permea por los intersticios
de la fábula — nosotros somos el anverso de tu vida;
y la nuestra son los escaques blanquinegros
en donde juegas tu partida. Imaginamos tu rostro
siempre evasivo, multitud de máscaras que nunca
prefiguran tu rostro verdadero, nuestro afán es crear
una epidermis que nos nombre cuando tú nos clausures
todas las salidas. Tu triunfo es vencernos,
indudablemente, pero el nuestro
es encerrarte en la cuartilla.

Muerde el anón

A Joaquín Méndez Gaztambide

Como quiera que sea, el mundo
es todo aquello que la hipótesis
incluye. A raíz del incidente
las astracanadas abundan y fijan
el significado entre líneas. Los nombres

son elípticos — no describen nuestra
situación agónica. No hay que nominarla
adrede: la propuesta apunta
al vacío sin sentido y ésa es la forma
en que las cosas están entre nosotros.

Mil días cuentan, como la rosa
que quiere ser fantasma. Sé que soy
inconsecuente: el mundo es una añagaza
en donde los muertos sobreviven. Mas no me
amedranto: soy consecuente en mi inconsecuencia.

Sin embargo tus labios pucheran al vacío —
no notan las maniobras que fraguan las curules.
No tiene sentido — es igual pero no es lo mismo.
Todas las posibilidades existen
simultáneamente. ¿Pero quién resulta

elegido? La treintena nos ofrece
los murmullos de una mortalidad
inminente. La escalera hay que botarla
luego de haberla utilizado. Piensa:
todas las posibilidades son

estadísticas. El texto antagoniza

el mundo, esbozando su reflejo.
En el reino de la lógica
tu fantasía es factible. Un pacto
no debemos firmar

si deseamos que seamos
escogidos. Tu cuerpo recalcitra
los jugos de un encuentro.
No obstante mil días fijan
la ansiedad en la tabaquera

anatómica. El mundo es todo
aquello que la hipótesis incluye.
Si no podemos discutirlo
es mejor que confabulemos
en el silencio indiscutible.

Ganimedes

Los altos dignatarios se han reunido —
inútiles intentos: la sexualidad no se mide
con varas largas. No hay sorpresas,
¿te das cuenta? La transición

cuestiona el Renacimiento que la impone.
Las turiferarias decían que yo era hermoso.
Qué me importaban a mí los disgustos
de Héctor y de Aquiles — sólo Paris

me opacaba en el espejo. No hay
tutía: Troya por Helena y yo
por Deyanira. Zeus cernido sobre
la trinitaria: sus garras me arañaban

la cintura púber y ya no importaban
las edades. Hoy escancio en el Olimpo
aunque aún tiemble mi cintura. Y que rabie
Deyanira inútilmente y con sorpresa.

Le Musée Carnavalet

A Manuel Rodríguez Alemán, in memoriam

Especialmente aquella radiante tarde frente al
Musée Carnavalet. Insistías en lo afrancesado
de mi actitud rabiosa ante un plato de *choucroute,*
mi intolerancia con aquel hostigamiento germánico.
Aquel sol negaba cualquier vestigio de entropía,
todo nos invitaba al holgorio, al regodeo de nuestra
última tarde en París. Y ese almuerzo fugaz parecía
darnos una tregua en las disputas insulsas de ayer.

Me contaste de tus vacaciones escolares en La Habana
que te ayudaban a sobrevivir la morriña en Santa Clara,
de tu adolescencia en España cuando la libertad se
vislumbraba en una América lejana.
"Abuela, que me digas *yes*." Definitivamente
el aire olía a romero y te apoyabas
en mi francés como un niño desvalido sin dejar de
burlarte por mi insistencia en mis ancestros de Brive-

la-Gaillarde: "Es que yo soy francés", y nos reíamos
a borbotones de mí, de nosotros mismos. "Este bar es un
bayú", me dijiste finalmente, y salimos alegres con la
ayuda de un *Côtes-du-Rhône,* lanzándonos a la tarde
esplendorosa. Aunque el tiempo se acortaba el
Musée Carnavalet, al otro lado de la calle, nos llamaba
con pasión, la *Tour Eiffel* podía esperarnos, algo
sucedía en las calles de *Lutèce* y era imperativo

atender aquel llamado: aquella vocación de tenebrismo.
Como en *Bande à part* tratamos de recorrer
aquellos salones reconstruidos de otros tiempos,
y nos deteníamos ante los imponentes derroches
de *grande tenue,* ante una cortina con color de
flamboyán. Flordeliseábamos sin mucha preocupación
por unos jardines geométricos, tomándonos fotos
ante los ojos asustados de los guardas. ¿Cuál

sería nuestro destino? *Nunc est bibendum,* celebrar
en el olvido de un quitapesares. Cerriles,
los senderos nos conducían de nuevo a las
estancias donde era fácil un *rendez-vous* con
Madame de La Fayette. Pero algo me atrajo como
un güeldo hacia aquel rincón donde tú te detuviste.
El gabán sobre la cama, los libros ordenados, salvo
uno, olvidado sobre la cabecera: Proust acababa de

alejarse y los ojos se me aguaron. Inesperados
los encuentros, siempre marcan la memoria en forma
inescrutable. Luego recorrimos la *place de Vosges*
y *la Bastille* y *les Champs de Mars.* Y nuestro regreso
a esta Nueva York en donde nuestra amistad
había florecido hacía quince años se topó de golpe
con tu muerte. Ya te habían cortado tus rizos
legendarios cuando un aguardiente, entonces,

fijó el nexo de los años. Hoy, desvanecido para siempre,
no habrá más *boutades* que redefinan
tu situación en el mundo, tu impaciencia con
la vida, tu filosofía amarga. La llamada telefónica
llega siempre tarde: tu cuarto vacío atestigua
el reto del recuerdo. ¿Por dónde andarán ahora
aquellos poemas que escribiste estableciendo
el recuento testarudo de los años? Las aguas

tristes del Sena en aquel *bateau-mouche* tal vez
nos anunciaban el cieno del desorden. ¿Dónde
estará tu magín y tu poesía de silencios?
Nunca pensé que aquel abrazo en el *Kennedy,*
embadurnando descontentos, fuera el último,
el que sellara los recuerdos. Mis fobias en
París fueron para ti cilicios; era yo quien
debía ir al médico para analizar mi hipertensión

y mi claustrofobia: en *les Invalides* casi sucumbo
ante el horror del pórfido. Todo en vano.
¿Por dónde andarán ahora los recuentos testarudos
de tus sueños? ¿Dónde estará tu magín y tu
poesía de silencios? Preluciendo en este nadir
tu abesana por la tierra, tu gusto por alhajas,
por *steaks tartares* y frutos exóticos, volvemos
al quietismo de la muerte. Pero tú que insistías

en atravesar la calle, especialmente aquella
radiante tarde frente al *Musée Carnavalet.*

Fuegos fatuos

De perfil
tu rostro:
un incendio
entre mis libros.
En tu fulgor
la atención
resquebrajada
finalmente
se destroza.
La cerilla
fija el deseo
en tu semblante.
Tu presencia
reverbera
en medio
de comparsas,
y de improviso
comunión
de las miradas.
Sin embargo
en el humo
te me agostas —
se congelan
las palabras.
Ahora tan sólo
mis libros,
solitario
con la presencia
de tu ausencia.

La sonrisa de Pericles

En el levantamiento del cadáver
la sonrisa sibilina de Pericles
punza el firmamento
sin decir palabra:
fascinantes fábulas
alimentadas por el hambre.

El guerrillero ha muerto
sin embargo. No es preciso
que creamos todo lo que informan.
Allí está la sangre —
sólo un símbolo en la bandera
de la patria boba.

Rojo punzó que igual corre
por decenas de folletines
decimonónicos. Acaso nunca
a una educación sentimental
fuimos sometidos. Pero igual.
¿De qué nos sirve ganar el alma

si al final perdemos el mundo?
Recuerda que el verbo
fue el principio, aunque otros
traduzcan "la palabra".
La nariz de Elohím
arrojaba fuego, mas

"nosotros" lo vertimos
como rabia. *"Traduttore
traditore."* Inútil intento —
oxidado, roto. Pero allí está.
"Eran las cinco en punto de la tarde."

Estadísticas indeseables; ¿hay

que ser "realistas"? Pobre
papá: « *Madame Vauquer, née
de Conflans, est une vieille femme
qui, depuis quarante ans,
tient à Paris une pension
bourgeoise...* ». Hoy en día,

¿a quién le importa? ¿Habrá
otros que muchos años después
recuerden lo "torcido" frente
a un pelotón de fusilamiento?
La libertad es una palabra
esculpida en una estatua.

Cananeos

Aunque un día fui el escogido
se ha desvanecido hoy mi rostro.
Sin embargo la brea utilicé
como se me había instruido.

De trescientos codos la construí
y en el pico de la paloma la hoja
me hizo respirar en el Ararat
tranquilo. No sé por qué Enlil

me vino a la memoria, si bien
seiscientos años de experiencia
se borraban ante la tierra
nueva y húmeda. Cultivé

mi viña con esmero y tuve
que celebrarlo. Bebí demasiado —
es cierto, aunque nunca supe cómo
quedé desnudo en el desierto.

Estas carnes viejas —
qué vergüenza. Sin embargo
Cam me hizo el amor
sin preguntarme. ¡Maldito sea!

Nunca pude entender
el amor entre los hombres.

Terra incognita

> *Il décrit autour de lui une zone d'ombre, une* terra incognita.
> —Marcel Proust

Acaso negarás la amistad que sin
razón nos une. Es cierto que acaso
el amor debiera unirnos
aunque la amistad neta,
tibia y desbocada ahora,
acaso, haga lo mismo. Pero
tú estás allí para negarlo.

Sólo dejar correr al tiempo
para descubrir un cuerpo que
florece en la intemperancia,
que sin negar niega los
frutos de un amor que tienta
la razón, que no juega
en la pasión de un amor

desmedido, que tal vez no cuenta.
Sin embargo estoy allí en la
distancia, amándote, saboreando
el disparate de tus sofismas
sonoros que reconstruyen
tus tetillas tiernas y morenas,
hincándome ante un amor imaginario.

Tu voz epistolar es esquizoide.
Ya lo sé, tal vez es difícil
aceptar que me amas. Mas
que puede importar si algún
día habremos de besarnos

en el desenfreno de unas riendas
que se ofrecen al desvelo de los

padres que sin razón tratan
de descontinuar nuestra gula
de amores, descubiertos en la colusión
de los besos anodinos pero prístinos,
perfectos; quizá en el regodeo
del labio mordido, reticente en
su saliva, en su sangre dadivosa

que nos bendice con su amor
eterno y sabio pero imprudente.
¿Acaso es necesario decirte que
te quiero? La redundancia es tonta
e inconsecuente. Es inconcebible
la negación de los vellos de
tu torso, obsceno y atrevido.

No lo sé y acaso lo desdigo.
¿Recuerdas la necedad de mis
empeños? « *Comme un feuillage
emporté par un ouragan, son amour
disparut.* » No contradigas al despecho
ni al amor que se ofrece con la rabia
de la destemplanza. Háblame. Sin

razón nos une la amistad que acaso
negarás. Despiértate y ámame.
Ya lo sé: tal vez es difícil
y, sin embargo, el recuento de nuestra
historia apunta hacia este amor frustrado.
No obstante estás allí para negarlo.
Perdóname si me hinco ante este amor imaginario.

Para R. D. S.

Simulacros

A Rafael Barros

Cayenas, trinitarias, balazos y capachos —
tu jardín; la pileta en donde humedecías
tus tiernos rizos; guacamayas, pitirres,
turpiales — enjambres enloquecidos en el patio;
en la cocina los olores del culantro y la cebolla;
los pinos gigantescos en la puerta: recuerdos,
o acaso fábulas que inventaste, en la edad
del mediodía la certeza te abandona, inútiles
preguntas, clasificaciones absurdas, innecesarios
recuentos, el tiempo es un juego en que las reglas
cambian o se olvidan fácilmente. Hoy nuevamente
solo. Las uniones ¿qué son?, ¿para qué sirven?
El Caribe seguirá carcomiendo la piel de la arena,
el sol brillará cada vez con menos fuerza —
entropía inevitable. Allí la luna es diferente,
diversa como la muerte que a cada quien
acecha; las cartas y las fotos descansan
calladas en el fondo de un baúl olvidado;
los amigos, la familia, los amores — pabilos
que se apagan día tras día. El destino se forja
en la palabra y en ella habitas, porque tú le ofreces
el significado deseado, y nada significa fuera
de ese orden, tú lo inventas, cuartillas borroneadas
que sólo muestran el simulacro de tu intento,
siempre transitorio hasta que la muerte
le brinde su clasificación definitiva. Todo es verdad,
nada es mentira — lo contrario también: el mundo es
una ficción que nos inventamos nosotros mismos.

Jacinto

Sonado y reprochado caso:
todo lo que sé del mundo
se fija en los parámetros
de mi existencia y su centro
se desplaza errático conmigo.
Las yardas finales se presentaban

urgidas de una satisfacción
enrarecida en el ambiente. No es
ésta una tragedia, aunque
Apolo así lo insista. No hay
temor ni compasión, sólo la vida
definida por la muerte.

Hay que sugerir medidas
concretas. No obstante los
celos son implacables. Febo
conectó el mundo a mi existencia
definiéndolo en su relación.
Redes y sabuesos aumentaban

la excusa para una pasión
que se desbordaba en las mieles
y el rocío de los campos fértiles.
Las flechas y la lira descansaban
olvidadas con el cebo de mis labios.
Y la brisa permeaba unánime

la montaña y la palabra.
Desde luego, flujos pasionales
inspiraban la venganza trapera.
Pero lo que no puedo mostrar
tampoco puedo demostrarlo.

Sus cabellos rubios y rizados

los alborotaba el viento
que quería ganar la etapa.
El presentimiento no registraba
nada definido en mi ingle
adolescente. Sólo el deseo
martillaba enloquecido. Es

imposible crear un símbolo
sin alterar su significado,
aunque mi piel erizada intuyó
el disco desbocado. Céfiro
rebelde me destrozó la frente
y mi sangre besó el terreno

fértil. El mundo era irreal.
"Tuyo el sufrimiento, mío el
crimen." Su exclamación
inscrita sobre la hoja.
La partícula existe ahora
donde antes nada había.

Scherzo molto pazzo

A quien pueda interesarle: aunque sólo
le reitero mi afecto obligatorio,
es cierto que la vida
nos enseña iguales cosas.

Valga, desafortunadamente, la observación
teológica — la muralla china
es de la imaginación cuestión pura,
aunque jamás para la calumnia

la herramienta de la lucha
se convierta en el desorden.
El amor se identifica con el odio:
el mundo no alimenta las formas

paralelas — o histéricas — del desorden.
Tan sólo coquetear con el sadismo
que conjuga la estética
del melodrama: *"Tosca,*

finalmente mia". El consenso
de los brazos armados define
el menisco de los militares con casco:
acepto el repertorio de garantías —

la transparencia espiritual —
y el reparto de los auxilios del fusil.
¿Hay que aceptar que no puedo amarle?
Aunque es preciso que acceda

que el occiso sea identificado, hay
que contar con la racha violenta —
copia auténtica —, espiritual y castrense.

Los jóvenes novilleros degustarán

la luna de miel — lo acepto —
si bien la *madeleine* atomiza
mi taza de té. Todo es un juego
de palabras majaderas — la tautología

es un caso extremo: contradice los límites
del mundo — el barajar de los signos.
« *Longtemps, je me suis couché
de bonne heure* »: nunca mantuve su punto

de vista en los asuntos de negocios.
¿Reubicarme o abdicar la independencia?
"La transparencia espiritual",
dijo una atribulada señora.

La vida nos enseña iguales cosas,
mas para volver a amarle
tendría que volver a odiarle —
aunque se expiden copias a los interesados.

Janis

A Margarita Abello Villalba

La licenciosa pandereta en un arabesco
salta y cae al suelo silenciosa.
Es absurdo reprimir los garrotazos del Bourbon
y la heroína hace ahora estremecer tu cuerpo.
Acaso es posible que la salud pudiese
recobrarse por completo, insistieron de otra parte.

"I don't fucking understand, man", me dices,
mientras tu cuerpo comienza a desplomarse
sobre el escenario. Al Fillmore no le importa
tu figura rubenesca ni tus angustias cuando fuiste
"el hombre más feo del colegio". *"That's what
it is, man"*, el advenimiento de la paz nunca pudo

acariciar tu pueblo — esa condición provinciana,
esa cohorte de angustias inconmensurables.
Estás sola, aunque hoy quisiera que pudiese
　　　　reconocerse
el idioma del silencio. *"Half of the world is still
crying"*: el manejo integral de las cuencas incógnitas.
Los hombres, las mujeres, acaso Kris (*a Rhodes Scholar*)

que nunca supo amarte: *"Bobby McGee"*— estériles
resultaron los esfuerzos. "No soy modelo ni reina de
　　　　belleza",
aunque te aplaudan ahora todos: ya lo sé — ya es muy
　　　　tarde.
El deterioro social, lo sabes, excluye lo absoluto.
"Don't worry about tomorrow, you don't need it, man":
es cierto, incluso cuando la historia deba terminar

con un sollozo, tres discos y un recuerdo. Woodstock
y tú me destrozaron la insistencia en el decoro.
¿Acaso debo pagarlo por mensualidades como
cualquier hijo de vecino? Nunca he sido de madre
requisito principal. *"You don't need it, man"* —
de trescientos sesenta y cinco días sólo hay uno,

uno solo que define el resto de tu vida: *"You've
got to call that love, man"*, y no es descabellada
la propuesta — es amor que la soledad define.
"It's only a fucking day, man", y te desplomaste
sobre el escenario. A continuación sólo los recuerdos
que el amor impone, Janis, con rabia o descontento.

Festival de Purim

A Esther Simmonds, in memoriam

Nunca fue fácil amarte. Tu carcajada contra el
    pavimento
del Sears destruía la posibilidad del remanso
en una hamaca que retaba el ser machista mas,
sin embargo, Safo nos guiaba en el devaneo
de un amor que sólo tú y yo supimos absorber:
las tríbadas que necesitábamos para el sabor
de una verdad que mordisqueaba mi mentoría,
el trasuntar de la confianza, el amor que destruye
la explicación definitiva de la muerte que punza
la necesidad de la curva de una coyuntura
cuando los hijos eran necesarios aunque
inesperados. Hoy no quiero ser dramático.

Habría mejor que recordar los momentos
cuando la descripción burda del amor
era algo escamoso de asideros. Evitemos
a toda costa los *faux pas.* No obstante,
estabas allí. La foto indebidamente
obscura desarrollada por ti con la inminencia
de la muerte: el cintillo en tu cabeza absolutamente
calva, los lentes quevedianos, tu cara regordeta
esbozando una sonrisa que ahora se me antoja
con sabor a dulcamara. De allí tu insistencia
en ensalzar "Como la cigarra"; indudablemente
presentías tu mutis por el foro. La dignidad

es importante. Sin embargo, estás allí: fijada
en el magenta memorioso que contradice la
rosa retraída de tus labios — no es fácil
concebir una desdicha que se deslíe en el albur
de un juego de Monte. ¿Cuál era la carta
que no debíamos escoger? Ahora nada
importa. Nuestro amor insiste en contradecir
la presencia de un seno emasculado. ¿Recuerdas?
La emisora repetía tus parabienes pueriles
aportando felicidad a mi ruptura irreversible
con la adolescencia. Esther, tú sabías
que una guerrera eras. Mardoqueo substrajo

momentáneamente la confianza; la sabiduría
negaba la distancia donde Amán no comprendía
la complejidad de los barruntos. Contigo
perdí el seno que me ofrecía un recodo sin
prejuicios; ahora tan sólo queda un silencio
que detesto. Ayer toqué el mármol de tu
mausoleo como si fuese una puerta; el mutismo
calcinante desafortunadamente no respondió
a mis preguntas. El sabor irreverente
me insulta en el caño del amor mórbido
que ahora sólo tú y yo podríamos entender.
No hay necesidad de explicaciones. Aquellas

tutorías dadivosas con tus hijos me
enseñaron a amarte y amarles con una
incontinencia imprevisible. Hoy
soy lesbiana en un amor ubérrimo que
se desborda en los límites siempre turgentes
de tu semilla que sabe convivir con
la gracia. Hoy beso tus labios dormidos.
No hay por qué preocuparse: Mardoqueo encontrará
su camino. El tuyo está con nosotros: un beso
magullado que se torna rosa en la indecisión

del sabor de tu amor dormido. Ahora recuerdo
y veo que aún no has muerto. Vives en la saliva

de un grito que se decapita en mi amor voluntarioso.
Hoy tú existes en mí. El mundo es una bolita azul,
     Esther.

Hermes

A Marty Black

Pero tus ojos paradójicamente
contradicen tus palabras:
las manchas de topacio flotan
sonrientes en el piélago que trata
de asfixiarlas. Juncal, tu cuerpo,
vibra, danza inquieto,
con la mirada tenaz que los traspasa,
con la pregunta muda que formula
lo inasible — el deseo proteico —
el fulgor de algo frágil
que juntos forjaríamos
en el suspiro interrumpido
de los labios; el verbo destruye
el sortilegio. Disquisiciones absurdas:
acaso cómo descifrar la génesis
del texto. Inútil. Semen arrojado
al vacío, perdido en la efímera
imagen del recuerdo. La hermética
sonrisa propone un desafío,
desdibuja tus palabras, las ocupa.
Sin embargo no te atreves — se diluye
la audacia de tu muda súplica, naufraga
finalmente: pero tú, allí, mirándome
en silencio, interrogándome.

Píndaro en el espejo

> *Do not against all comers let break the word*
> *that is not needed.*
> *There are times when the way of silence is best; the*
> *word in its power can be the spur to battle.*
> —Pindar of Thebes (tr. R. Lattimore)

No es necesario que la palabra
habite entre nosotros,
dijo Píndaro, y no cito;
es preferible el encomio de la risa

(y no río);
acaso la palabra
en acicate, dijo, ha de
convertirse en la batalla.

Díjolo. ¿Lo dijo?
El silencio es preferible.
¿Lo es, Píndaro, lo es?
¿El mundo? Tú no lo sabías.

Es inmundo
y sólo la palabra
estructura su ficción.
La página está muerta.

A tu frágil robustez yo le doy la vida.
En mí vives
cuando yo te ofrezco mi lectura
(a lo mejor equivocada), y no cito.

No es necesario que la palabra
habite entre nosotros

si nosotros le devolvemos
la muerta vida.

Five Stone Wind

A Merce Cunningham.
A John Cage y Shirley Jackson, in memoriam

El destino presume de su sapiencia, aunque
cualquier proposición que trate de abarcarlo
todo nutre su simbiosis. *"I am the captain
of my fate I am the captain of my fate I am
the captain of my fate"*, escribiste; el semáforo
enfría sus colores y por acaso llegamos
a Queens Borough Plaza. Desafortunadamente
no puedo ofrecerte un símbolo de la vida.

[El nombre, el significado y el símbolo los hallarás
con paciencia en la concha de una tortuga.]

El vidrio negro de una ventana inexistente
opaca en el tren el reflejo de la leyenda
que formula tus preguntas. El mundo deja de
existir indiferentemente. Es ambiguo y opaco

en su existencia; las premisas *muestran*

la forma "lógica" de la realidad. *"The captain
of my fate. Laughter is possible laughter is
possible laughter is possible"* en la muerte. El metro
llega a la estación y en la ventana espesa y negra
pesadillo tu figura: nos volvemos íntimos e
infames. La primavera ha irrumpido e imagino tu
reflejo en el vidrio negro. La dicotomía es
evidente: tu vecino es tu enemigo; tu casa

[El yang y el yin, en flujo perpetuo, ofrecerán las
combinaciones matemáticas *ad infinitum*. Es menester

recordar que cualquier lenguaje enmascara
       el pensamiento.
Estás allí, inmóvil, trasuntando el mundo como si a ti
perteneciese. Despierta. El mundo existe
       independientemente
de tu voluntad. Juega con los hexagramas, si es preciso,
mas abandona para siempre el nexo causal. No congeles
tu mirada si descubres que no hay contacto entre
       nosotros
porque todo aquello que engendra la certeza lleva en sí
el verbo. No insistas, abre tu mente y descansa.]

ha de ser una fortaleza, no un hogar. Epistemologuemos
con los parámetros falsos de la "psicología".

["La teoría del conocimiento es la filosofía
       de la psicología."]

"It is possible." Hasta que eso suceda, no importa
el nombre que le den a esta tierra. Absurdo,
non sequitur, un *"scorcio sintatico incongruo
con risultato di condensazione".* Es imperativo

[Calla, ahora calla. No podemos inferir los sucesos
del destino de las circunstancias del presente. Un beso
negará la tautología adormecida en los recodos
       de tu mente.]

que llegue a tiempo a mi traición traductora.
"Nam-miojo-rengue-quio" — un acto me enuncia,
       me define,
me limita: un beso macarrónico en la tetilla repleta
con la ambrosía de un titilante *Loto Sutra. "Possible
is laughter possible is."* Hay cinco puntos que repiten
el azar: *".fate my of captain the am I"* Acaso me traes
alucinado con el reflejo fragmentado de tu rostro

         que se torna
lenguaje variopinto: la forma fenomenal de
         todo pensamiento.
   ¿Imagen o significado? Mis emociones son ambiguas
         al respecto.

[De nuevo a solas, hierática, lejana e imprecisa
esta soledad que nos une en un beso mordiente
de resquemores incipientes, de luchas intestinas.
No dices nada en tu ininterrumpida nostalgia.
Me observas en silencio, húmedos los labios,
manchada la sonrisa, y un temblor, escasamente
perceptible, se apodera de tu rostro.]

Nuestros rostros se reflejan efímeramente en la ventana
opaca y desaparecen sin trascendencia. Trascendencia
         impuesta
en una tierra sin nombre en donde el hexagrama
         de pueblos
hermanos es alimentado por el odio. Odio prístino
         engendrado
en el contubernio del desierto. Desierto ahora en
         donde tu

[Son discontinuos estos diversos modos del ser.
Tu cuerpo suda, inseguro de sus propios jugos,
y me observas en silencio. Tus labios tiemblan.
Estas ganas de vivir me están matando, y mirando
al vacío, te miro en el espejo cuando te aduéñas de mí.]

   vecino es tu enemigo; tu casa, una fortaleza mas no
         un hogar.
La secuencia de las estaciones se amilana con el regodeo
pernicioso del invierno y habríamos de hacer
         un sacrificio

propiciatorio en donde la sangre alimentase la tierra desprovista, cuasi agonizante. Una epidemia precisa de la desmitificación de una nueva esfinge. *"I am up above the top, dancing in the light."* Es inútil intentar fijar parámetros a nuestros desplazamientos; cuando observamos al mundo lo miramos desde la perspectiva de un pasado finito — inútil intentar comprenderlo o comprendernos. No obstante la primavera se
      ha despertado.

De nuevo nuestros rostros se reflejan en esa ventana obscura, indescifrable, inexistente. Nuestro amor es reflejo de un pasado que se adentra en un presente inconcluso, malsonante, incongruente. Cinco mutis por el foro, cinco fugas de un escenario mal iluminado, atiborrado de esquirlas de espejos rotos, destrozados, destrozándonos. La disonancia de una sola
      mano aplaudiendo
prefigura el insólito y, sin embargo, previsible desenlace. Ya no son necesarios aquellos "pasos para lograr la convivencia". No habrá voceros oficiales ni respuestas categóricas. Estamos solos. *"I am*
      the captain
of my fate I am the captain of my fate I am the captain
      of my fate."

["Laughter is possible laughter is possible laughter
      is possible."]

La palabra habitada

> Un cœur tendre, qui hait le néant vaste et noir,
> Du passé lumineux recueille tout vestige!
> Le soleil s'est noyé dans son sang qui se fige...
> Ton souvenir en moi luit comme un ostensoir!
>
> —Charles Baudelaire, « Harmonie du soir »

Lanza tus dados, lánzalos, ahora lánzalos al vacío
   ya es inútil fijar parámetros a nuestros desplazamientos
     ¿de qué nos sirve ganar el alma si al final perdemos el mundo?
    si a tu frágil robustez yo le doy la vida
   ya es inútil fijar parámetros a nuestros desplazamientos
en la edad del mediodía la certeza te abandona
 si a tu frágil robustez yo le doy la vida
  si retrocedes en el tiempo, tu rostro se sofoca, incandescente
   en la edad del mediodía la certeza te abandona
    el texto antagoniza al mundo esbozando su reflejo
  si retrocedes en el tiempo, tu rostro se sofoca, incandescente
 disquisiciones absurdas: acaso cómo descifrar la génesis del texto
el texto antagoniza al mundo esbozando su reflejo
  todo es verdad, nada es mentira — lo contrario también
   disquisiciones absurdas: acaso cómo descifrar la génesis del texto
    el azar jamás será abolido, es menester que volvamos a empezar
   un beso mordiente de resquemores incipientes, de luchas intestinas
 acaso negarás la amistad que sin razón nos une
cuartillas borroneadas que sólo muestran el simulacro de tu intento
   las sombras translúcidas de la obsidiana congelada en tu corteza
  acaso negarás la amistad que sin razón nos une
   a continuación sólo los recuerdos que el amor impone
    las sombras translúcidas de la obsidiana congelada en tu corteza
  la sonrisa sibilina de Pericles punza el firmamento sin decir palabra
a continuación los recuerdos que el amor impone
   las premisas muestran las formas lógicas de la realidad
    la sonrisa sibilina de Pericles punza el firmamento sin decir palabra
     la pregunta muda que formula lo inasible: el deseo proteico
   las premisas muestran las formas lógicas de la realidad
  la brisa permeaba unánime la montaña y la palabra
 la pregunta muda que formula lo inasible: el deseo proteico
  el azar jamás será abolido, es menester que volvamos a empezar
    la palabra viene hacia ti, tú eres el innombrable, el que la crea
   todo aquello que engendra la certeza lleva en sí el verbo
  el Caribe seguirá carcomiendo la piel de la arena
 nuestro afán es crear una epidermis que nombre
todo aquello que engendra la certeza lleva en sí el verbo
  el destino es inescrutable en las circunstancias del presente

      nuestro afán es crear una epidermis que nos nombre
          mas para volver a amarle tendría que volver a odiarle
    el destino es inescrutable en las circunstancias del presente
aquel sol negaba cualquier vestigio de entropía
mas para volver a amarle tendría que volver a odiarle
    tu rostro, lenguaje variopinto, es la forma fenomenal
        de todo pensamiento
      aquel sol negaba cualquier vestigio de entropía
        la libertad es una palabra esculpida en una estatua
    tu rostro, lenguaje variopinto, es la forma fenomenal
        de todo pensamiento
el azar jamás será abolido, es menester que volvamos a empezar
no contradigas al despecho ni al amor que se ofrece con la rabia
      de la destemplanza
    inútiles preguntas, clasificaciones absurdas, innecesarios recuentos
      la descripción burda del amor era algo escamoso de asideros
        y a mis pies se derribó, se desplomó, cayó tendido
    inútiles preguntas, clasificaciones absurdas, innecesarios recuentos
  no es ésta una tragedia: no hay temor ni compasión
y a mis pies se derribó, se desplomó, cayó tendido
    la tautología es un caso extremo: contradice los límites del mundo
      no es ésta una tragedia: no hay temor ni compasión
        la contradicción que te interroga suple tu realidad
      la tautología es un caso extremo: contradice los límites del mundo
  todas las posibilidades existen simultáneamente
la contradicción que te interroga suple tu realidad
    no es necesario que la palabra habite entre nosotros
      todas las posibilidades existen simultáneamente
        el azar jamás será abolido, es menester que volvamos a empezar
    en mí vives cuando yo te ofrezco mi lectura (a lo mejor equivocada)
nuestro amor es reflejo de un pasado que se adentra en un
        presente inconcluso
el fulgor de algo frágil que juntos forjaríamos en el suspiro interrumpido
      de los labios
el reflejo de la realidad es verdad y mentira al mismo tiempo
    nuestro amor es reflejo de un pasado que se adentra en un
        presente inconcluso
      el destino se forja en la palabra y en ella habitas
      el reflejo de la realidad es verdad y mentira al mismo tiempo
epistemologuemos con la dicotomía evidente: tu vecino es tu enemigo
el destino se forja en la palabra y en ella habitas
    fijada en el magenta memorioso que contradice la rosa retraída
      de tus labios
      epistemologuemos con la dicotomía evidente: tu vecino es tu enemigo
        era imperativo atender aquel llamado, aquella vocación
        de tenebrismo
      fijada en el magenta memorioso que contradice la rosa retraída
        de tus labios

      son discontinuos estos diversos modos del ser
era imperativo atender aquel llamado, aquella vocación de tenebrismo
    el azar jamás será abolido, es menester que volvamos a empezar
        no es descabellada la propuesta: es amor que la soledad define
           acaso discontinuar nuestros besos anodinos aunque prístinos
        abandono en el calor, al otro lado del bosque — de la vida
  el mundo deja de existir indiferentemente
acaso discontinuar nuestros besos anodinos aunque prístinos
    el tiempo es un juego en que las reglas cambian o se olvidan fácilmente
    el mundo deja de existir indiferentemente
      el mundo es todo aquello que la hipótesis incluye
    el tiempo es un juego en que las reglas cambian o se
          olvidan fácilmente
    el amor que destruye la explicación definitiva de la muerte
el mundo es todo aquello que la hipótesis incluye
    las palabras fueron una barrera en sus comienzos
      el amor que destruye la explicación definitiva de la muerte
        perdóname si me hinco ante este amor imaginario
    las palabras fueron una barrera en sus comienzos
  el azar jamás será abolido, es menester que volvamos a empezar
aunque todo es relativo no todos perciben las mismas cosas mas
      sí las mismas leyes
  el mundo es una ficción que nos inventamos nosotros mismos
    el advenimiento de la paz nunca pudo acariciar tu cuerpo
      el espacio lógico es el punto de fuga de la realidad
    el mundo es una ficción que nos inventamos nosotros mismos
  el mundo es inmundo y sólo la palabra estructura su ficción
el espacio lógico es el punto de fuga de la realidad
  si no podemos discutirlo es mejor que confabulemos en
        el silencio indiscutible
    el mundo es inmundo y sólo la palabra estructura su ficción
      la partícula existe ahora donde antes nada había
    si no podemos discutirlo es mejor que confabulemos en
      el silencio indiscutible
    la disonancia de una sola mano aplaudiendo prefigura el desenlace
la partícula existe ahora donde antes nada había
    en la armonía de la noche, los dados relumbran eternamente
      la disonancia de una sola mano aplaudiendo prefigura el desenlace
        el azar jamás será abolido, es menester que volvamos a empezar

Proemas en cámara ardiente
(1988)

Ce n'est pas pour mes femmes, mes filles ou mes sœurs que ce livre a été écrit; non plus que pour les femmes, les filles ou les sœurs de mon voisin. Je laisse cette fonction à ceux qui ont intérêt à confondre les bonnes actions avec le beau langage. [. . .] Ceux qui savent me devinent, et pour ceux qui ne peuvent ou ne veulent pas comprendre, j'amoncellerait sans fruit les explications.

—Préface des Fleurs du mal, *Charles Baudelaire*

[....] À côté de son cher corps endormi, que d'heures des nuits j'ai veillé, cherchant pourquoi il voulait tant s'évader de la réalité. [...] Ansi, j'ai aimé un porc.

—Une Saison en enfer, *Arthur Rimbaud*

Que j'aimerais qu'un jour l'on me fasse entrevoir qu'un tel colosse a réellement existé, qu'on nourrisse en quelque sorte la vision très fantomatique et uniquement abstraite sans aucune conviction que je m'en forme! Qu'on me fasse toucher ses joues, la forme de son bras et comment il le posait le long de son corps.

—Proèmes, *Francis Ponge*

A Joaquín Méndez Gaztambide

Proemas en cámara ardiente fue originalmente publicado en *Instituto de escritores latinoamericanos de Nueva York. Premio de poesía 1988* (México: Impresos Continentales, 1989).

El acta del jurado rezaba así:

"De cien manuscritos enviados por poetas residentes en Nueva York, Nueva Jersey y Connecticut, se decidió declarar el primer premio desierto, por descalificación, al descubrirse que dos de los poemas galardonados no eran inéditos.

"También por mayoría se otorgó el segundo premio a *Al filo del canto* por Austro Boreal, seudónimo del poeta ecuatoriano Jaime Montesinos; el tercer premio a *Ejecuciones neoplatónicas* por Paco Salinas, seudónimo del poeta puertorriqueño Pedro López Adorno; y mención honorífica a *Proemas en cámara ardiente* por Altazor, seudónimo del poeta colombiano Miguel Falquez-Certain.

"El jurado estuvo integrado por los siguientes poetas y críticos literarios: Giannina Braschi, Alexis Gómez Rosa, José Olivio Jiménez, Norma Klahn, Pedro Lastra y Cecilia Vicuña."

Primer encuentro

Luego de uniones e infidelidades, del diario despotricar con un amor envenenado por el odio, del uso y del abuso, todo parecía ya irremediable. El tardío verano calentaba aún nuestros cuerpos sudorosos en la tibieza acondicionada del "Lolita". Mucha guasa turbulenta, mucho licor gratuito desperdigado en bellezas bastardas que conminaban una noche aún más absurda. Tú, funámbulo de goces, pulquérrimo en tu atavío europeo, me sonreías en medio del desorden de una trifulca que disfrutaba de la intemperancia. Tu madre nos había presentado.

Gozón sonámbulo en el ardor glacial de una noche inesperada, supimos inventar una historia caribe que nos unía desde hacía mucho tiempo. Borrón y cuenta nueva eran necesarios, nuestras crisis "fueron puestas de lado", y nos reímos porque tú insistías tercamente en una explicación más profunda de la mitopoesis. Denigramos del pasado bebiendo palos de una bombona que parecía milyunanochesca en su tozudez inagotable.

Babiecas ingenuos, nos negamos a escuchar el orfeón de ninfitas tontas jugando a reinas y corrimos a la gula de los labios, al beso de los cuerpos titilantes con el rocío de la gracia. Zalemas miles definieron sin temor la savia de los rostros. Jubilosos despotricamos irreverentes manchándonos de risas sin la anuencia pervertida de la gente. Es preciso recordar.

Crisis primera

El intento de suicidio definió la secuencia del pianoforte sobre la plataforma: probablemente no me parecías real. ¿Acaso importa? Lo cierto fue que el tren expreso jugueteó con la tranquilidad de mi estómago. Estabas allí, igual que yo, batallando con los mismos años que no definen nada, acaso el desasosiego del silencio, del amor inmarcesible de nuestras mujeres que siempre saben querernos.

Los mutis por el foro han sido anunciados siempre tarde. Nuestras mujeres vigilaban atentas: ¿qué decir ante un amor presentido? El guarismo halitósico marcaba la rabia compungida — el anuncio del desorden.

Todos los diplomas saboreaban ahora el quebradizo régimen del caos: licenciaturas, bachilleratos fraccionados demostrando nada. Acaso mi soledad, mi necesidad de probar algo inconsecuente. Sin embargo, el púrpura de tus labios — tus labios finos — apuntaló la arquitectura blanca del boricua reacio, tenso, imprevisible. El pasado y el deseo ahora viven martillando el contubernio maldito, insospechado.

Taínos

Tus manos largas prefiguran tus talentos. Cuidadosamente desenvuelves tus figuras precolombinas aunque la situación parezca insostenible. Al fondo se oye el "Agúzate" de Richie modulando la sabiduría de una lengua argótica que se regodea en lo avispado de la burla, en el desenfado altanero del boricua citadino. Tu gliptoteca particular ahora brilla espectral bajo las luces fluorescentes. Me sonríes dubitativo, tanteando las figurillas como incitándolas a que cobren vida propia. No sé qué responderte. *"Three quarks for Muster Mark"* se me escapa de los labios. Tal vez el silencio, la soledosa solicitud de tu sabiduría. Tu mirada me interroga y digo "Joyce" por salir del paso, sin saber si todo esto tiene sentido. No quiero que te enfades, no quiero destruir este momento perfecto. Mi rostro inclinado sobre el tuyo analiza las figuras indígenas bajo la luz glacial de la lámpara. "Son grotescas", te digo mientras beso tus manos de "El caballero de la mano al pecho".

Geografías paralelas

Roer, destilar tu cuerpo belicoso sin conocer, o acaso comprender, la dicha de un vuelco inesperado, el beso que se niega y sin saber se vuelve rosa.

Tu mirada trastroca el vidrio roto de la angustia violenta de los labios; el rojo punzó que desmenuza la tetilla del deseo; el silencio confundido de un romance en ruinas, destrozando capiteles, gárgolas rabiosas, indómitas marcándonos los labios, ofreciéndonos el *grimoire* confundido de tus esencias exquisitas que denuncian el alba en la Boquilla que nunca conocimos juntos y, sin embargo, recordamos en el recuento de la geografía saboreada aparte, incógnitos destinados al reencuentro, al beso tránsfuga, mordido en el momento gótico y perfecto, un concurso exaltando la belleza, lo insólito de los rostros nuestros recreando la soledad del embeleso.

Artes culinarias

El achiote cruje en la cocina expandiéndose en el aire. Hoy es sábado y estamos "muertos para el mundo". Esos viernes tempestuosos que se alargan tercos en amaneceres turbios nos dejan exhaustos. Preparas un sancocho suculento en donde cada vitualla adquiere una individualidad marcada. Las entrañas de las aves y un *paté* criollo se degluten con un Marqués de Riscal. Las sartenes vuelan y caen por el suelo; te has quemado y la adrenalina te sube por los cielos. Pero ese olor a culantro y a cebolla pacifica tu intolerancia con los objetos.

Mis escritos han sido clisados en un país remoto. Escuchas sin mucha atención mis "textos" en donde un pensamiento trata de liberarse con la ayuda de un ensueño verbal. "No lo entiendo", me dices al desgaire mientras muerdes delicadamente una yuca tierna, perfumada de esencias caribes. Trato de explicarte la razón de la anadiplosis, por qué trasunta el fervor de una existencia abandonada. Sin embargo, la yautía y el picante de la sopa nos despejan el olfato atolondrado, casi adormecido. El placer de un platón le da el mentís a cualquier derivación existencial.

Retorno al sabor

Los manuscritos rotos, el marco fraccionado cuestionando la verdad de la mentira, el sabor a fresón-con-nata de lo que desdice el decir contorneado de la fresa que saborea la mentira de un batido que reniega el contorno del sabor, que no lo dice y, sin embargo, explica "La cien" que contradice a Bobby y a Ricardo — el sabor, las enmiendas de los años sesenta — la emasculación de los decires, de las campanas tocando a *tocsin.*

No hay que cuestionar el crecimiento de los vellos desenfrenados, absurdos. ¿Acaso? Tal vez habría que regresar a Colombia y desmentir doce años de ausencia: "Pregúntales a todos si se enteraron". El rey y la cruz resucitando del pasado adormecido. Es menester que decidamos.

Retos nocturnos

Un trazo de tus dedos deja rodar el carboncillo sobre la hoja jibia. Dos puntos ensañados crujen el papel. Poco a poco mi rostro surge irreverente, arrojando improperios como en los peores momentos de una juma negra: "Tonta, majadera". Tus manos huesudas se desplazan por el papel con una agilidad de gacela. El reto de una lengua fenecida, o acaso exótica, hace que el corazón trepide en premoniciones triunfales. Pero tu labor minuciosa y rápida prosigue en el deambular de una noche enfebrecida y lúcida. Caminas sin descanso, abres libros como si se tratase de una pena de muerte. Yo camino y bebo y me río en el desorden hierático de unas imágenes televisivas mudas que saltan al compás de la "Missa Luba". Es insaciable esta necesidad olfativa, este deseo abrasante de comprenderlo todo. *"Ex-libris"* escribes en las sortijas de mis cabellos dibujados y reposas. Es necesario que ahora hagamos el amor.

Palabras mayores

Y hay días en que nos olvidamos de amarnos. Las contumelias brotan de nuestros labios con venganza y la tristeza queda arrinconada en la cocina con el resto de los platos rotos. Teóricamente no entendemos la violencia, esa traílla de animales sintéticos que destripan las buenas intenciones. Entonces no es fácil volver a la ternura. El indulto reverbera lejano, inalcanzable en el oasis. Nos tornamos bazucas de desatinos e injurias y siempre hablamos de terminar. Se nos hacen hostigantes estas cuatro paredes inconclusas.

Súbitamente la película se congela y la adrenalina vuelve entonces a su ritmo pacífico. Y tú, voluntarioso, repleto de martingalas, te me acercas sonriente como si nada hubiese sucedido. Aquello de "maldito sea el día en que te conocí" hay que relegarlo al olvido; se trataba de tu plano kabuki aconsejándote el melodrama. Olvidar. Ah, tus artimañas de niño travieso crean idilios y charadas: dejas de ser enervante para morder la fruta de un nuevo desafío. Lejos quedan ya la *truie*, nuestras cerdulescas injurias. Mañana nos despertarán los cardenales.

Interior holandés

Otros días salta la vara rabdomántica: nos volvemos excesivamente tiernos. Jugamos con Mickey Joe traspasándonos en su crujir de oso los más elementales regocijos. Él nos mira impávido sin saber cómo reaccionar. Vicariamente nos desmadejamos en un déjame-estar goloso atiborrado de caricias y palabras dulces. Entonces miramos a la luna. Esta noche nos parece hermosa, probablemente única. No se dan notas discordantes ante un hogar caldeado que nos recuerda aquellos hipocaustos romanos sobre los cuales alguna vez leímos juntos en la *Enciclopedia británica*. Probablemente creemos que desembocamos en un sueño en donde nuestras queridas mujeres nos ofrecen una vez más la seguridad de la infancia.

El elemí del baúl lo encontramos suntuoso; la yema del dedo se estremece al tocarlo. Todo se vislumbra hermoso, lleno de matices, como si estuviéramos de nuevo en los años sesenta bajo el influjo de un hongo mágico. Volvemos a abrazarnos y cuestionamos con deleite nuestro amor inconmensurable. Nos damos un beso antes de acostarnos.

Quinto aniversario

Aquellos pequeños y primeros artilugios, el sortilegio de los primeros días han desaparecido en los efluvios de los días inútiles. Acaso un beso gigantesco de carnales goces incrustado en los recovecos del asueto, de la verdad mentida en los estandartes del recuerdo loco, del cuerdo acontecer que desmenuza la hipotética sabiduría de los dos mil días transcurridos en el desvelo ante el beso negado y en el barruntar de los deseos con el silogismo hirviente de tu mirada ciega: los tizones de avellana entreverados en la sinalefa inconsútil de tus labios.

Quizá fue el regreso premeditado al recuerdo encarnizado de los años distantes, alejados, vueltos cieno. El regreso, quizá, mas no la rutina de los deseos ausentes ante un cuerpo transparente, una sonrisa convertida en la mueca del pecado.

Reflejos de una máscara
(1968-1982)

Diferentes versiones de los siguientes poemas de *Reflejos de una máscara* aparecieron originalmente en: "Caminata sobre el borde de tu risa abierta", *El heraldo*, 1968; "El desgonce de los años", "El desencanto" y "Creta revisitada" en *Suplemento del Caribe*, 1975 y 1978; "*L'Homme coincé*" y "Curiosidad bíblica" en *Suplemento La Libertad*, 1981.

Reflejos de una máscara fue publicado por Editorial Marsolaire en 1986.

A la Mona Falquez, in memoriam

*Para Margarita Abello, Anne-Marie Mergier y
Flavia A. Falquez: euménides y furias.*

Si pudiera llorar de miedo en una casa sola,
si pudiera sacarme los ojos y comérmelos,
lo haría por tu voz de naranjo enlutado
y por tu poesía que sale dando gritos.

> —Pablo Neruda, "Oda a Federico García Lorca"

I dream'd in a dream I saw a city invincible to the attacks
    of the whole of the rest of the earth,
I dream'd that was the new city of Friends,
Nothing was greater than the quality of robust
    love, it led the rest,
It was seen every hour in the actions of the men of
    that city,
And in all their looks and words.

> —Walt Whitman, "I Dreamed in a Dream"

The days gone by remain behind us,
a mournful line of burnt-out candles;
the nearest ones are still smoking,
cold candles, melted and bent.

> —Konstantinos Kabaphes, "Candles"

El desgonce de los años

Un día inesperado regresarás cantando.
Una tarde silenciosa y fría
vendrás con la lluvia en tus cabellos.
Con las gotas doliéndome en la piel
veré tu regreso ya no triste
ni feliz tampoco,
tal vez indiferente.
Sentiré tus pasos desempedrando calles.
Escucharé tu voz con el aire
de cualquier tonada vieja
instantáneamente recordada,
fijada para siempre en la memoria
y desentendida después.

Regresarás un día lejano e incierto
cuando ya nadie te espere.
No será sorpresa
tu presencia repentina,
ni tu mirada verde-triste
saludando lejana y vacía,
solitario en una calle cualquiera,
en un zaguán marrón
desvanecido por el tiempo
y la neblina.

Ese día veré tu nuevo rostro,
sentirás mi presencia tranquila
saludando sin palabras,
presentirás el desgonce de los años;
el sabor de mi saliva olvidada
nutrirá tu cansancio pesado
y quizás comprenderemos.

Un día nos veremos
en el cruce inaudito
de no importa cuál carrera.
Un crepúsculo mirarás
mis ojos vivos de tu ausencia,
mi figura magra y mis labios
sedientos de la búsqueda.
Un día trataremos
de recordar dos antiguos rostros,
modelaremos
nuestras caras dúctiles,
palparemos nuestros pómulos
como ciegos que creen recordarse,
inseguramente,
y al final comprenderemos.

Será un día sin campanas,
una tarde del peor octubre
con su lluvia y su borrasca.
Una noche de relámpagos
pronunciarás mi nombre casi olvidado,
recogeré el tuyo del recuerdo
y quizá nos amaremos.

Un día inesperado regresarás,
vendrás cantando,
y tu voz me sonará en el olvido
(tu voz casi hundida en la memoria)
resonará perdida...

Y tu cuerpo
y mis labios
y tus ojos
y tal vez
comprenderemos.

Curiosidad bíblica

Rostro de sal
lejano
solo
invertebrado
presente en la saliva
en el rincón obscuro
rostro mío
ayeruno
colosal
lejano rostro de sal
estatuario
rostro mordiendo
cayéndome adentro
me mastica ahora
mimetismo impúdico
siempre-siempre
recordando el minuto
la perpetua huida
congelada imagen
en Sodoma
solo contigo
mi rostro de sal
solo desalándose

Tompkins Place

Estarse aquí
a la orilla de la lluvia,
en una banca gris
sucia de tierra vieja,
oxidada de años —
caída casi —
con mi cara amarilla de angustia
y los ojos cansados
de ver todos los días.

Sentarse aquí
en este parque triste
(no solitario),
color de piedra y de caliche,
con su aire irrespirable —
eternizada atmósfera
cortada a veces
por las navajas del viento.

Y de golpe
todo en movimiento.
Este parque de ladrillo
repleto de títeres ajenos
(como no presentes)
pausadamente desplazándose
en forma casi imperceptible
(dolorosamente lenta)
mirando la lluvia,
a sus gotas tercas,
caedizas sobre rostros,
gabardinas
y paraguas.

Estarse allí observando
cómo llueve movimiento,
todo gira girando en su eje loco:
los perros tras el hueso de caucho —
que saben es de caucho
y, sin embargo, lo recogen —
los barbudos repitiendo
el desplace de sus músculos,
de sus risas tontas,
acompasadamente,
todo ya monótono,
como si acaso aquello
no fuese un despertar.

Y de súbito el jazz,
su revolución sonora,
su lamento sincopado
de viento y percusiones —
rítmicos palillos que se caen,
formas inmediatas de reemplazo
anunciando los registros
del violín eléctrico,
de su estridencia insólita;
los solos que modulan
tercamente,
que arrastran —
cañonean —
y nos reconcilian
con la vida;
sudores y ojos idos,
golpes de mejilla
que todos siguen
con sus manos.

Mientras tanto
la mujer alta con su cara
de panocha,
con sus lentes grandes-grandes,
redondos de simpleza,
sonríe como Drácula
sonriendo de tristeza.

Son los *jazzmen*
sonámbulos y mágicos
que viajan en la música
estableciendo su mundo
entre las piedras.
Cómo decir que no
si está lloviendo
y las piedras son
para cualquiera.
De pronto me encuentro
con mi secreta máscara
empapado por la lluvia,
con su agua tenaz que forma
sonidos caprichosos.

Todo gira girando
y ver de lejos
la tarde que se escapa
filtrándose en la noche.

Sentir luego mi amargura sola —
su sabor a pimienta y a comino
y el ardor que me deja en la mirada.

Los rostros sin tiempo

Fuimos niños tristes en una ciudad de piedra.
Un sitio amarillo donde las palabras eran ecos
y venían como rotas ya de tanto repetirse.
Las casas eran de ceniza y de arena
con limoneros amargos en las puertas:
no estaban florecidos —
eran espinas para cerrar las tardes.
Los días, caminando iguales sin resquicios.
Las noches, esperando al mismo día sin sentido.
Y había tiempo respirando,
martillando las paredes,
siempre piedras y algunas veces
aves azules de granito —
mordiéndonos los ojos, las bocas, las sonrisas.

Un día de pájaros azules
rompí las geometrías del destino —
ese mito marcado con cuchillos en los muslos —
lo despellejé con gusto de apio y de comino
y me lo tragué pintando de violeta al tiempo.
Así la marea de las cosas repetidas se detuvo,
te conocí entonces ya sin límites
y me instalé en tu vida,
tercamente,
sin preguntar tu nombre.

Luego nos inventamos rostros
y jugábamos a grandes
sin pronunciar palabras.
Éramos símbolos:
a nada llamábamos
por sus antiguos nombres.

Construimos —
ya sin tiempo —
una gruta repleta de sonidos,
de novísimas palabras.
Nos fuimos masticando los secretos.
Fue sencillo trocar
sin regodeos
mis báquicas angustias
por helados
al borde de una fuente.
Fuimos niños:
no importaban la noche ni los miedos
respirándose en el aire.
Abarcándote,
buscaba el nuevo rostro
para nutrirlo con mi saliva eterna.

Otro día de pájaros azules
se rompió grotescamente
el equilibrio.
Y regresamos al tiempo,
a la amarga envidia
esperándonos en las casas de ceniza
con limoneros plantados en sus puertas.

Fue sin tiempo,
sin dimensiones conocidas.
Somos mayores ahora —
amargamente mayores y lejanos.
Pero recuerda siempre:
un día me instalé en tu vida
sin preguntar tu nombre.

Abulia

Como se va mi cuerpo.
Como cerrar los ojos
y pensar
de qué color es la camisa.
Como morder el aire con cansancio
de tantálicas misiones.
Como el anturio hermoso —
de golpe abandonado.

Así te me fuiste
marchitando adentro:
lejana tu figura,
muda tu sonrisa.
Acostumbrándome fui
a tu no-presencia.
Y no fue de olvido
que se tornó mustio
tu rostro en mi memoria:
te me quedaste rezagado un día
en no importa cuál camino.

Viajero vital

No quiero tu sombra,
no quiero tus palabras.
Sólo el silencio
para alimentar mis días.
Sólo mi saliva amarga
para saciar mi sed de ti.
Mi hambre,
con el pan de tu recuerdo,
morirá calladamente;
acostumbrándose,
se desgajará en sí misma,
indiferente.

No quiero tu mirada triste
ni ser la sombra de tu sombra.
Sólo desterrar la búsqueda
y caminar sin la zozobra.
Hacerme elemental y simple —
un punto en la distancia.
Sólo robarle la confianza
a la palabra noche
y no rastrear tu rostro
en los rostros de los otros.

Andar, andar,
andar muchísimo
por diversos caminos
y costumbres.
Sólo así me toparé
otro rostro
que me dé la luz
de su mirada.

Y vendrá solo —
sin llamarlo.
Deliberadamente
recortando
las distancias.
Acercándose sereno
por sí mismo
a compartir mi vida:
las raíces de mi tierra.
Y juntos seguiremos construyendo
los caminos del recuerdo.

Batracios

Mordiendo,
masticándome a la tarde
con los dientes negros de la angustia,
despedazándola a intervalos cortos,
con ansias reprimidas,
como con ganas de llorar;
paladeando su gusto desabrido
de fiesta terminada,
apresurándola —
como aceite de ricino —
contenida respiración,
papilas olfativas en suspenso;
indescifrable momento
cuando todo puede acontecer.

En la lobezna tarde que se cuela
por alcantarillas
de fulgores bermejos
encuentro un charco en el camino,
y pienso distraídamente
si no hallaré ranas,
suficientes sapos
que me hagan compañía.

Boicoteo

Allí está el camino de la entrega
con pueblos de puertas clausuradas
arenosos de frío y de fastidio.

Allí está el vacío de la gente
cerrándonos a cruces la mirada
y puyándonos a envidia los besos remordidos.

Allí están todos esperando
el ilógico hundimiento de los días
con ansias de asesinar la primavera.

Marchemos hacia ellos decididamente,
jalonando nuestro amor sobre las piedras
y ahogando a dentelladas los suspiros.

Horas pico

Uno, a veces,
atraviesa las calles
y sorprende a la gente
con los ombligos de la angustia,
a los edificios
tristes de repetirse
diariamente, de reflejar
la misma sombra.

Uno, a veces,
quisiera dejarse caer
sobre una banca y estarse
eternamente mirando lejos,
encuadrar la mirada en unas casas sucias,
en los petates y bastones,
en el carrito de *frankfurters*
o sobre un *hippie* que ofrece collares.

Ves como corren los hombres y las cosas
por no perder el *subway*;
horas de trabajo,
instantes que se marcan con latidos,
relojeril esclavitud de sudores,
momentos de búsqueda,
de llegar-a-tiempo-
para...

Te das cuenta así de que existes
por un mecanismo de circuito
que te desgasta groseramente.
Y te llega un día empujando al otro,
cansándote de amor y de rastreos,

de ver que la verdad
ya no es si tú la nombras
y de que todo se especula
con la risa.

Ojalá hubieras conocido algo
lejanamente colocado,
algo sobre gotas lluviosas
o de soledad diluida en atardeceres.

Entonces tomas *Scotch* con cocacola
y te emborrachas a muerte
viendo cómo se te escapa
la vida a borbotones,
y el pasado se acrecienta
sin remedio.

Autismo

Solo estoy
Tunélicamente me destrozo
Me desgajo
Me caigo en pedazos
Solo estoy en un alcázar
Sin contactos
Solo con palabras
Huecas-desteñidas
Escudriño en la pared
La cábala no encuentro
La razón de la búsqueda
No entiendo
Me ahoga la salida
Un culo sin salida
Desgarradoramente solo
Estoy inerte
Solo estoy

Expansión mental

De sincopados ritmos
por la atmósfera surgiendo,
abarcando espacios lentamente,
luminosamente,
haciéndose presentes en segundas fases,
binomiándose con vértigo de dimensiones tristes,
asfaltándose en el aire,
es esto:
la música con violetas de hormigón,
lirios teñidos de rosado azteca
como buscando sentido
a la manera de un café florecido,
desierto solo
en lejanía doblemente triste,
apenas serenándose
ver un grito,
un choque de carros de granito,
oír sus coloraciones
de agudos tintes y matices,
tonalidades con notas en escala,
oír y verlo todo
en deliciosas inversiones,
permanecer estático
observando una brillantez —
que no se ve,
que ni siquiera es brillo —
de un rincón pequeño,
ceniceril y obscuro,
y volver a engañarse con puentes,
palabras e impenitencias —
tal vez pecados —
y tantos papeles inútiles.

Sólo que la vida
no se siente a veces
si conoces el palpitar
de un corazón gigante —
acaso Tar —,
lejano.

Preguntarás entonces
sin entonar siquiera
y sólo desearás
con tus ojos de capacho verde:
tienes-tener un fósforo
para encender de nuevo
y la mano agarrando
una gota lluviosa.

Atrás,
un cigarrillo raquítico —
extrañamente largo —
y volver a empezar
otro día más absurdo
entonces.

Nuevo anturio

Tu cuerpo mío
cayéndose
(cintura morena
sin amarres)
en tu centro
yo
teniéndote
mía tu sonrisa
tu rostro simple
(anturio,
inexperiencia)
yo enseñándote
mis besos
mi saliva
dándote
dándote la vida
tembloroso
tu cuerpo mío
descubriéndote
besando
tu lágrima de asombro
yo
tuyo entero
para siempre.

Mochuelo en cautiverio

Vengo buscando tu forma
camino a la nostalgia.
Mordiendo al día gris —
amargo como zumo
de limón podrido.
Recordando cómo eran
tus palabras, tus gestos
de pájaro cautivo pidiendo
libertad con la mirada.

Me trago el secreto
de mi llanto, clamando
mudo, sordamente al vacío
en la distancia.

Grito de pie gritando,
con fuerzas de dolor que mellan
cuchillos que amenazan esperando,
que interceptan voces de fusiles
de boca grande y negra.

Grito gritando con el llanto,
pidiendo tu presencia
de formas y de voces,
aquí en la ruta
de los vómitos perdidos.

Te me vas de las manos
en el aire lavado por la lluvia;
resbalosa,
tercamente escapas,
mochuelo cautivo,

mordiendo ferozmente —
con dientes gigantescos —
mi soledad desvencijada.
Retrocedes y rechazas
la calle empedrada del olvido —
explorando el sendero
de recuerdos gris-obscuros,
logrando eternizarte en mi mirada.

Me dueles hondamente
como al pobre
su pobreza gangrenada.
Arrastro mi ilusión famélica
buscando inútilmente concretarla.

Te me vas,
mochuelo cautivo,
te me escapas de las manos
en el aire lavado por la lluvia,
y dejas mi vida sin sentido,
grotescamente interrumpida,
triste y desolada.

Te liberas
definitivamente
permaneciendo solo:
tus hermosas formas
marcando mi memoria
y grave
triste
lejos
tu mirada.

Retozos mañaneros

Despierta Ahora
no digas No
presente Siempre
entrega Entrégate
dame tus labios
ahora Siempre
nunca No
no digas No
dame tu saliva
saliva fluente
Entrégate
te dije Ahora
Dame tu cuerpo
no digas No
es Ahora
Sé mi amante
Siempre
en ti
no-sí-Sé
Te me entrego
Ahora y Siempre.

Afianzamiento soledoso

Decidí
desintegrar tu nombre;
tu rostro,
desligarlo de mi vida;
frío y solo,
yo.

Descuajar la angustia
y almorzarme los suspiros.

Lejos enviarte.

Precisaba
proyectarme al sol,
destejarme cortando
el ombligo de tu nombre —
individual cortándolo —
solo siempre
y para siempre.

Caminata sobre el borde de tu risa abierta

A Roberto Tarchópulos (1950-1968)

Es un grito que se alarga
indefinidamente.
Sabe a sal y a tierra seca
esto que nos roba tu presencia
de todos los instantes.
Es un algo que atolondra
y nos lanza hacia el vacío.
Es un no encontrarte.
Es buscar angustiosamente
en el camino
la fuga absurda de tu sangre.
Luego, casi acostumbrarnos;
sentir acaso rescatada tu estructura
con el lento caer de nuestras lágrimas.

Si despedazar pudiese
con mis dientes
la maciza evidencia de tu muerte.
Si acaso fuese Prometeo —
libre de ataduras —
te devolvería la libertad humana,
la gracia innominable de tu perfecto rostro,
la vida a tu cuerpo de maduro durazno,
y quizás, entonces,
con el verde regocijo de tu vida nueva,
andaríamos sobre el borde de tu risa abierta
jalonando bulliciosamente los senderos.

Pero te has marchado de improviso,
irreversiblemente.
Sólo burilar
indeleblemente
tu metálica huella
en la memoria.
Sólo reconstruir con amargos llantos
tu efímera andadura,
tu trashumancia a pie iridiscente.

Y todo es final,
vacío,
sendero sin retorno.
Nos quedas vivo
circulando en nuestras venas,
adosado definitivamente a los recuerdos.

Eras como una acacia florecida,
como un primaveral anturio
que sorprendidos mueren
en la tardía cellisca.

Por esto,
amigo que hoy nos dueles,
no te decimos adiós,
sólo hasta luego,
porque mañana,
cuando el fardo de tu horrorosa muerte
no esté ya presente,
cuando la imagen de tu cuerpo mudo
no triture ya nuestros ojos y gargantas,
gritaremos tu nombre alborozadamente
y tu risa abierta,
franca,
vendrá decidida
a nuestro encuentro.

Comunicación lacrimal

Gota brillante,
única,
en tu mejilla:
allí incrustada.
Luz que se refleja
y camina,
tú caminas,
la-gota-tú.

Cosas.

Aspiro tus palabras
para nada;
diálogo de sordos
(la esférica inmutable);
pasos cansados
hacia mí
hacia nada.

Quiero-quieres,
oferta de tiempo
(tácito rechazo);
decir,
escribiendo
(hasta eso cansando),
sudar sudando;
observo
el infinito recortado
poniendo mis labios
en tu lágrima.

Paladeo su sal
de gota brillantísima.

Luego,
luz que se refleja
reflejándonos;
plana ahora
tu mejilla plana.
Alejándonos,
centrífugas perdidos,
despedida para siempre
en el tiempo
y en la nada.

Sin piso

Somos como la uva del hambre,
como la rosa de la crucifixión.
Degustadores de la angustia,
nos hartamos con los higos del silencio.

Con rabia golpeamos al viento,
las cárdenas piedras desandamos
desbocándonos sobre las burbujas
de un lago amarillento:
vómito de recuerdos
y de cosas inéditas
que buscan impresión.

Toparnos a cada instante
con ese gemir interno:
múltiples deseos de llorar,
pánico,
nunca sabremos
cómo será cada despertar.

Detesto a Hermann Hesse

No puedo sentirme igual
con tu presencia
porque me golpeas
con tu ternura atávica,
porque me haces sentir niño
con tu sonrisa fácil,
deliciosa.

No puedo estar a mis anchas
con tu mirada cañoneándome
los recovecos del silencio.

No puedo estar alegre
cuando me caen tus palabras,
porque al compartir
mi soledad contigo
trastornas el equilibrio
de mi tranquilidad ficticia,
porque vas golpeándome de lejos,
sangrándome
con la exquisita facilidad
de tu sonrisa
y de tu mirada tierna
que me corta los suspiros.

No puedo ser yo,
definitivamente,
con tu presencia drástica
que cuestiona todo lo seguro
que construyo con las uñas.

Porque te siento lejos,
porque no puedo tenerte
tiemblo
y me aturdo tenazmente
con el sabor amargo
de la costumbre ahogada.

No puedo ser yo,
definitivamente,
porque me defiendo
con los dientes
de tu cuerpo insólito
y del temblor de tu mirada,
porque siento que me gustas
infinitamente,
porque temo que te quiero,
porque vas marcándome los días
con la maldita angustia
de la búsqueda insaciable,
porque temo quererte,
porque estás tan lejos
con tu mirada tierna
de testigo implacable
destruyéndome la vida
y la sonrisa.

Por eso
no puedo estar alegre
mientras la inseguridad
me marque los senderos.

Pesquisa

Como con ganas de zozobra
me atravieso cualquier calle
(calles de piedra, de arena, de cemento),
voy corriendo
(atragantándome al silencio),
visitando los rincones,
oteando
sin luz entre las piedras
tu forma perdida en la ausencia,
sigilosamente rastreándote,
olfateando tozudamente
a la alegría.

Ahora sobre ti voy caminando,
saboreando con pasos diminutos
las sombras de tu sombra en cada sitio,
arrastrando el saco
de memoria por todos los caminos,
conociendo detenidamente
tus ciudades y tus pueblos,
a la república del sol
que siempre alumbra
mi camino a pie
por las rutas de tu cuerpo.

De regreso vengo ahora repitiendo
mis pasos primitivos,
desérticos.
Diminuta figura, regreso
de conocerte poco a poco:
tus lunares y montañas,
el idioma de tus ojos.

Vuelve a mí
para comenzar la tarde
cogidos de las manos.

Y me llegas sin aviso
a instalar tu carne en mi saliva.
A machete limpio te despejo,
a diente limpio
con tus muslos.
Furia y lucha de ti.

Abre paso a la alegría
y dame un beso.

Allegro

Un vértigo:
puertas y ventanas
de Manhattan.
Dejar que salgan
rompiendo las cortinas
del silencio, para gritar a quince
metros de las paredes negras
y que el eco se repita interminablemente.
Quiero confesar que te conozco,
quiero saborear tu cuerpo.
Óyelo bien,
voy a gritarles que te quiero.

No abandones estas calles de ladrillos
con escapes de humo,
de bulla y a ratos de silencio.
Ven con tu olor a madrugada,
ven a marcar las horas en mi reloj sin tiempo.
Hazme creer en la importancia de la lluvia,
y yo te enseñaré el idioma de los niños
con su fondo de audacia y de contento.
Destruye el mito de mi no-existencia,
muéstrame el oculto sentido de las cosas.
Caminaré decidido buscando el nuevo día
con el regocijo de saber que estás conmigo
para abrir las rosas y comenzar la vida.

Nueva York espera.
Caminemos por las calles de mi barrio.
Lleguemos hasta el Hudson y viéndolo
pasar descubriremos
a la luna y a los marineros —

quizá adiós decirles desde lejos
y comprender qué tristes
son las despedidas cuando solos
nos quedamos en el puerto.

Amor, tus sandalias —
¡arrójalas bien lejos!
Corramos descalzos contra el sol
y por el mundo asegurando
nuestro encuentro.

Tú y yo para florecer la vida
sembrando rosas.
Caminemos a fuerza de sangre
y de huracán rompiendo,
mordiendo hasta gastar encías,
fauces y mitos masticando,
instalemos nuestra tienda
en cualquier vía.
Sorprendamos al *Village*
con nuestra vida nueva,
mirándonos los ojos,
buscándonos los labios
y mordiendo por el rabo
a la alegría.

Desamor

Diviso a la tristeza
sola
amontonada
terca
en un rincón
aún viviendo
allí esperando
gusto verla
inadvertida
antes era mía
ahora aislada
tu ausencia larga
horizontal
la troqué
por mi rostro
transparente
verdadero
y la mandé a paseo.

Días inútiles

Sólo de llanto
y de tristeza hambrienta,
de vacío gris
(fatalmente interminable),
de raíces amargas
(cortadas con disgusto),
de savia y de sangre
(como tóxicos),
voy formando
mi coraza pordiosera —
mi recinto hueco
(ausente de sonidos),
minado de angustia lacerante,
atiborrado de cortados lirios.

Lejos de mí en mí mismo,
viviendo los instantes
(ya sin pasión)
como si fueran espacio
o arena fija
(inmóvil como la lejanía),
trepidando en el eco de una fuga,
de una risa olvidada
en un cajón vacío
(atestado de cosas inútiles
o capaces de enumerarse por sí solas).

Con mi tristeza solo
dentello mi angustia
contra el suelo esperando
que florezcan los anturios:
algo nuevo que me ayude
a sostener la vida que yo vivo
hasta el mediodía.

Fantaseo frenado en seco

Porque tu sola presencia
me golpea y me acorrala,
por la transparencia
de tus ojos tristes,
rompo la madeja del silencio
buscando tu rostro,
tu cuerpo desnudo
y quieto entre las sábanas.

Hablamos congelando
en fotogramas
los sitios compartidos,
suspendidos en el aire:
tuyos, porque tú
formas el espacio,
el tiempo y las palabras.

Se precisa
la dureza de tus muslos,
la hermosura de tu piel y tus cabellos,
el sensual contorno de tu nuca,
el desparpajo de tu risa y tu sonrisa —
sonoridad sonera —,
brillante, desigual, compleja:
atomizas
la lujuria rutinaria,
sus desgastados trueques.

En la playa
luego de lo oceánico —
contagio de fiebre alucinante,
magritteano atardecer.

Saboreo con los ojos
tus muslos descubiertos,
tu lengua paladeando
la lima-limón,
continuamente hallándote
en tu imprevisible trashumancia.

A trancazos disfrutar
de tu vida exuberante —
no se está *friqueado*
y la neurosis,
hay que ver,
realizando el inventario.

Mas de improviso el veto
que me frena en seco —
truncado fantaseo
y un beso que se pierde
en el vacío.

Los laberintos de la búsqueda

De redondas,
de alargadas lágrimas,
como ferrocarriles tristes
casi-sin-fin.

De pausados silencios,
de intermitentes voces,
de noches pasadas en blanco
con el achiote del recuerdo.

De angustia y de miedo y de llanto
voy arrastrando lo insaciable:
calles repletas de gentes,
canecas de basura con periódicos,
semáforos, bocacalles, autos,
personajes vendedores de salchichas,
subterráneos, elevados, carreteras,
la lluvia que se cuela tercamente
y nos empapa
los pensamientos
más herméticos.

En todos los mismo:
desazón marcada con violeta,
ganas de salir corriendo,
gritar o lanzarse lejos,
establecer la cofradía del silencio —
la robusta amistad
que nos pierda
por laberintos legendarios.

Los huesos de la angustia

Solo,
de tristeza sólo,
rumiando desbaratados llantos
y cosas ya sin nombre
(como de hielo).

Cosiendo los ratos sin hilo,
sin dedal y sin aguja,
los momentos diluidos
en recuerdos ya lejanos
(como no presentes),
yuxtaponiéndolos
en formas diferentes,
caprichosas,
como se me antoja ahora,
dando vueltas a los escaques tercos
de mi ajedrez imaginario.

Así,
terriblemente solo,
de tristeza sólo,
acumular imágenes
en profundidad de campo
y encadenarlas luego,
como torres de Babel sin equilibrio,
tratando de rumiar lo irreversible —
impalpables imágenes —,
de angularlas infinitamente,
planos que una vez fueron,
que se funden
y ya no son,
definitivamente:

el montaje interminable
de las velas derretidas.

Y de súbito,
golpeándome el presente,
descubrir las siete de la tarde,
el bullicio de la Bolsa neoyorquina —
la marabunta humana —,
temerosas y trepidantes gentes
rodeándome de asfixia,
mordiéndome los huesos de la angustia.

El tren

Yo soy un tren
que siempre camino
a tu repetida estación.

Los rieles
se me angostan
en perspectiva profunda.

Busco en el túnel,
en su densa obscuridad,
la obscuridad de mis palabras.

Pero ellas se mimetizan,
se me tornan translúcidas
con la claridad de su salida.

Y llego siempre hasta ti:
final que no se siente.

No me canso.
Los rieles
no se gastan.
Mi larga estructura
permanece intacta ante ti,
porque tú me nutres,
me revitalizas
con la sola presencia de tu risa
diciéndome adiós
pero esperándome siempre.

Escamoseos

De jirones de lluvia y sol
te voy formando adentro,
con guijarros grises
y arena pordiosera,
de ceniza y de barro,
con ladrillo cocido,
de sueños infantiles
voy dándole forma a tu figura.

Y quiero tenerte
de asta en mi bandera,
de poesía viviente
ante mis ojos,
de mordedura de vívora
en mis noches solitarias,
de arena y de agua,
de sal-de-todo.

Mas siempre tu forma resbalosa
tercamente se me escapa de las manos.
Como pez escamoso de frío
te me vas.

Y regreso impenitente
a esperarte cada día,
buscando en el aire la esperanza,
tu exquisito olor a madrugada.

I've Got the Blues

Como el significado injusto
de la palabra simple
que llanamente nos gusta,
o que sugiere sentidos diferentes
(insospechados o sabidos con recelo).

Como el adiós definitivo —
sucio de recuerdos —
que nos queremos desprender
a golpes rudos,
sabiendo que nos hieren
e insistimos tercamente.

A veces, sin embargo,
como retrocediendo un poco,
sabiendo de antemano
la inutilidad de los recuentos,
de la reconstrucción de laberintos,
buscando sin hallar alguna risa de arroz
que esparcimos un lejano día en el camino.

Como la ciega furia, la terrible rabia
que camina arañándonos las venas
(sin sospechar por qué se siente).

Esas ganas de gritar,
de desahogarse a llanto,
contándole a un extraño
el pedazo de tu vida
que hoy quieres vomitar.

Esa rabia de mañana
cuando todo nos molesta.

De esta manera desenredar despacio,
caóticamente el adentro fraccionando
lo que nos parece un sueño
pero que fue una realidad
como más dormida allá.

Con todo eso cualquier día
tocar el arco iris
aceitoso y rutilante
en un charquito de barriada:
el raizal encuentro —
inajenable posesión.

Creta revisitada

Tu laberinto es retorcido:
Ariadna ha muerto
y ya no encuentro la salida.

Tu presencia se agosta en la distancia
como un bajel
naufragando en el horizonte.

El Minotauro llora en sus sueños
y los corredores incansablemente repiten
la tristeza de su llanto.

La espiral de la historia
esclaviza mi destino
a sisíficos castigos.

¿Si encontrase la salida,
estaría, acaso, malograda mi fortuna?

¿Se me derretirían las alas, ineludiblemente,
en mi frenética fuga?

¿Me precipitaría en el océano
para tropezar la muerte,

trascendiendo tan sólo
en las cenizas de tu memoria?

El desencanto

Detrás de toda esa coraza
yo sé que encierras la ternura.
El cinismo es un largo aprendizaje
que de improviso te sorprende
porque nunca
lo has deseado ni buscado.
No es sencillo vivir la vida tuya.

Hubo un tiempo en que buscaste a Dios.
Creías en Él para poder así en ti creer.
Mas cuando de Él más necesitabas
Dios no te escuchó.

Descubriste luego que el pecado
fue la gran mentira,
que sus ministros eran
notables comediantes
que utilizaban la virtud como un oficio:
trágicos oficiantes de artificios
que a ti te embaucaron con su acto.

Al otro extremo te largaste.
La hipocresía fue tu odio más amargo
y así diste comienzo a tu discurso interminable.

Nadie pidió que te erigieras
en apóstol de la verdad,
mas tu destino humano te condujo
por insospechados senderos.
Desde entonces
un largo camino has recorrido.
Miles de seres

has conocido y has amado;
también ellos a ti,
pero de un modo diferente.
Hasta ahora no has encontrado a nadie
que satisfaga las absurdas reglas,
porque también eso descubriste:
aquello que comienza acaba
y todo sigue su curso irreversible.

Los lazos humanos son tan frágiles
como burbujas de jabón.
Aún no lo sabías y por eso
tu amargura aún más creció
cuando el hermano y el amigo
por igual te traicionaron.
Te despertaste, entonces,
a las cicatrices dando paso
en su laborioso quehacer.

Proseguiste tu camino andando
con los pies sobre la tierra,
guardando, sin embargo, tu incasable tesón
en construir obras terrenas.

La desilusión de nuevo te golpeó
cuando aprendiste
que la comunicación era imposible:
las palabras creaban espejismos,
y las tuyas y tus actos
tergiversados eran,
como textos que han pasado
al través de varias lenguas
por obra de malos traductores.

Siempre habías luchado
contra la excusa fácil
balbuceada por labios de chiquillos.
Mas todo fue en vano
porque también tú
al final te diste
por vencido.
E invadido de brisas una noche
la pronunciaste con terrible rabia
ante tu amigo más querido.
"¿Para qué la lucha?",
te preguntaste destrozado,
y a punto estuviste
de segar tu existencia
porque en nada ya creías,
ni siquiera en ti mismo.

Nadie, al final,
te había comprendido.
Le dijiste adiós, por eso,
a tu ciudad del verano eterno
y a otras tierras
tus angustias te llevaste.

No eres hoy igual que ayer,
ni fuiste ayer igual que antes.
Siempre diverso eres,
mas uno, en tu esencia, siempre.

L'Homme coincé

No obstante
la cuneta he abandonado.

Onán me agarró por la barbilla
y el deleite fue un lucero
ya extinguido:
un eunuco
en el jardín de las delicias.

Las ratas abrazaban el sendero
y los vampiros copulaban con el aire.

Me fugué:
una lechuza herida
ululando en el crepúsculo.
La marisma,
un beso en los pulmones,
un puño en la garganta.
El alarido,
un orgasmo.
La evasión, un órgano —
el reflejo de una máscara.
La luna, el Oriente encinta,
derramándose sobre el cenotafio.
La calima serpenteando
los espasmos
y los cuervos boicoteándome
los sueños,
a picotazos disolviéndolos.
Los chillidos los tímpanos
me olfateaban
con los colmillos del deseo.

Gea rugió celosa
y me señaló sus fauces.

Sólo legañas en la voz.
No obstante, empuñé tu aliento:
se me enfocó en las ingles
el volcán.

Metamorfosis

A Julio

En el gigantesco acuario frente a ti
una carpa dorada danza en cámara lenta
extendiendo sus ansias por el malecón.
Ves la fluorescencia
flotando con el mutismo
de la calma
que anuncia al vómito.

Las olominas grisáceas
rabian al bailar,
bebiendo de improviso
a la *prima ballerina.*
Los escalares, loinas y guajacones
desde ambos lados atacan
destrozando la efímera pausa
y atraviesan en segundos
el espacio continental.

Estás allí bebiendo
en el bar,
observando —
completamente absorto —
la danza ritual.

Pero las luces estroboscópicas
la estillan
y dejan a las parejas
perdidas... allí.

Miras el laberinto
de movimientos
congelados:
ropas abigarradas,
cabezas y brazos
sudorosos brincan
y taconean y giran,
imponiendo sus presencias
con furia y ruido.

Allí distingues a tu...
se te nubla la vista...
desaparecen los sonidos...

Desde el acuario,
el banquillo abandonado
en el bar.

Índice

Prólogo vii

Fabio Rodríguez Amaya vii

Las últimas noticias de la guerra contra el tiempo xvii

Gustavo Arango xvii

Palimpsestos 27

Ciclos 31

Sed insaciable 32

Óptica infinita 33

Iniciación 34

Orfandad 35

Dádiva 36

Rut 37

Inversión de la imagen 38

Espejismos 39

Meleagro 42

Los necios oficios 43

Los reductos del olvido 44

Los campos de Marte 45

Ítaca 46
Tántalo 47
Carpe diem 49
Usurpaciones y deicidios 51
Los dioscuros 55
Hipótesis del sueño 57
Quo vadis 59
Cadáveres exquisitos 61
Benny 63
Curriculum vitae 65
Claudicaciones 66
La tierra prometida 68
Ego sum qui sum 70
Ordalías 72
El forastero 74
Dulces estrellas de la Osa 75
Camafeo 76
Belial, tu íntimo enemigo 77
Poética 78
Doble corona 79

I 83
II 84
III 85
IV 86
V 87
VI 88
VII 89
VIII 90
IX 91
X 92
XI 93
XII 94
XIII 95
XIV 96
Habitación en la palabra 97
Habitación en la palabra 101
Presagios 102
Judit de Betulia 103
Tánatos 106
Muerde el anón 107

Ganimedes 109
Le Musée Carnavalet 110
Fuegos fatuos 113
La sonrisa de Pericles 114
Cananeos 116
Terra incognita 117
Simulacros 119
Jacinto 120
Scherzo molto pazzo 122
Janis 124
Festival de Purim 126
Hermes 129
Píndaro en el espejo 130
Five Stone Wind 132
La palabra habitada 136
Proemas en cámara ardiente 139
Primer encuentro 143
Crisis primera 144
Taínos 145
Geografías paralelas 146

Artes culinarias 147

Retorno al sabor 148

Retos nocturnos 149

Palabras mayores 150

Interior holandés 151

Quinto aniversario 152

Reflejos de una máscara 153

El desgonce de los años 157

Curiosidad bíblica 159

Tompkins Place 160

Los rostros sin tiempo 163

Abulia 165

Viajero vital 166

Batracios 168

Boicoteo 169

Horas pico 170

Autismo 172

Expansión mental 173

Nuevo anturio 175

Mochuelo en cautiverio 176

Retozos mañaneros 178

Afianzamiento soledoso 179

Caminata sobre el borde de tu risa abierta 180

Comunicación lacrimal 182

Sin piso 184

Detesto a Hermann Hesse 185

Pesquisa 187

Allegro 189

Desamor 191

Días inútiles 192

Fantaseo frenado en seco 194

Los laberintos de la búsqueda 196

Los huesos de la angustia 197

El tren 199

Escamoseos 200

I've Got the Blues 201

Creta revisitada 203

El desencanto 204

L'Homme coincé 207

Metamorfosis 209

Miguel Falquez-Certain nació en Barranquilla, Colombia. Ha publicado cuentos, poemas, piezas de teatro, ensayos, traducciones y críticas literarias, teatrales y cinematográficas en Europa, Latinoamérica y los EE.UU. Es autor de seis poemarios, seis piezas de teatro, una noveleta y un libro de narrativa corta, por los cuales ha recibido varios galardones.

Una muestra extensa de sus poemarios apareció en *Entre rascacielos: Nueva York en nueve poetas* (Riobamba, Ecuador: Casa de la Cultura, 1999) y en *Entre rascacielos / Amidst Skyscrapers: doce poetas hispanos en Nueva York / Twelve Hispanic Poets in New York* (Riobamba, Ecuador: Casa de la Cultura, 2000). Asimismo fue incluido en *Veinte poetas al fin del siglo* (Nueva York: Ollantay Press, 1999) y en una antología de la poesía homoerótica moderna publicada en griego en Atenas en 2005.

Entre sus traducciones están sus versiones al inglés de *Diatriba de amor contra un hombre sentado* de Gabriel García Márquez (Teatro Repertorio Español, Nueva York, 1996) y de *El extravagante triunfo de Jesucristo, Karl Marx y William Shakespeare* de Fernando Arrabal (INTAR, Nueva York, 1982), entre otras, así como sus versiones al español de poetas franceses, italianos, portugueses, brasileños, ingleses, irlandeses y estadounidenses. Recientemente tradujo al español los dos guiones de Peter Buchman para las películas del Che dirigidas por Steven Soderbergh (*The Argentine* y *Guerrilla*), 2008.

Licenciado en literaturas hispánica y francesa (Hunter College, 1980), cursó estudios de maestría y doctorado en literatura comparada en New York University (1981-85).

Mañanayer obtuvo la única mención honorífica en el *Latino Book Awards* en 2011 en la categoría de volumen de poesía en español.

Reside en Nueva York donde se desempeña como traductor en cinco idiomas desde hace más de siete lustros.

University Publishing Solutions terminó de imprimir la primera
edición de *Mañanayer* el 31 de julio de 2010
con fuentes *Cambria y Elephant*
para *Book Press, New York.*

www.ingramcontent.com/pod-product-compliance
Lightning Source LLC
Chambersburg PA
CBHW032042150426
43194CB00006B/392